継続する心

山本昌

青志社

継続する心

山本昌

青志社

装丁・本文デザイン　岩瀬聡

新書版のためのまえがき

50歳で現役を引退して3年が経った。

幸いにも野球解説や評論活動、学生野球の指導資格を取得して母校の日大藤沢高校野球部の特別臨時コーチを務めたり、野球に関わる仕事に日々を過ごさせていただいている。

現役時代に気がつかなかったことや新たな課題などを発見して、とても充実した日々を送っている。

野球に関われることの喜びはとても大きく、野球の神様に本当に感謝している。

本書は、僕の現役生活の終わりに近い2013年、47歳のときに書いた書籍で、ありのままの中日ドラゴンズ投手山本昌の野球と人生における考え方をまとめたものであった。

野球選手に限らず、すべての人において〝継続する〟ことはどんなに素晴らしいか、またそれによってどんな力と結果が生まれてくるかを、僕の経験から説いた内容だ。ここに紹介したすべては、男女問わず、どの時代、どの世代にも通じ、共感できることで、決して難しいことではない。誰でも小さな継続の積み重ねを意識することによって、目的を遂げることが可能になる。

「小さな変化」を大事にする。

するとそれが力を生み、いつか「大きな変化」になって表われる。

「これなら僕にでもできそうです」

「少しずつですが始めてみました」

と、本書を書いたとき、全国のたくさんの皆さんから前向きなお便りをいただいた。

「継続する心」について僕は引退後も変わらず、講演やイベント、子供たちの野球教室で多くの人に語ってきた。

企業や一般の方からの質問に「モチベーションの持ち方」とか「つまずいたときにはどうしたらいいか」、「緊張しているときに力を出す方法はあるのか」といったことをよく聞かれる。僕はその準備の大切さや継続する心について本書にあるようにわかりやすい言葉で答えてきた。

野球教室に限らず子供たちには「何事も途中で投げ出すなよ」といつも繰り返し伝えてきた。

「時間というものはキミたちが思っている以上にないし、限られている。だからいま一生懸命頑張ろうよ。せっかくやり始めたことを途中で投げ出すのは、もったいないよ。小学校、中学校、高校と少なくとも3年間、一生懸命やってごらん、野球以外のことでもいい。そうしたら必ず何か大切なものが見えてくるはずだよ」

と話してきた。


2019年、今年もまた素晴らしい若者たちがプロ野球入りを果たした。

高校生からドラフトで中日ドラゴンズに入団した僕は、やはりどうしても高校生に目が向く。

中日ドラゴンズは投打で活躍した大阪桐蔭の根尾昂選手をドラフト1位で引き当てた。同じ大阪桐蔭で北海道日本ハムの柿木蓮選手、同じく北海道日本ハムの金足農高の吉田輝星選手、大阪桐蔭で千葉ロッテの藤原恭大選手、報徳学園で広島カープの小園海斗選手、をはじめ、僕の18歳のときに比べたら天と地の差がつくくらい各球団は逸材ぞろいで、楽しみな選手ばかりだ。

前途は洋々としているものの、それでも待ち受けているのは厳しい試練と現実であろう。うまくいかなくて当たり前。まだ18歳だ。「無理だな」と思わず、少しずつ階段を上がっていく〝継続する心〟を持って取り組めば必ずや、乗り越えて力をつかんでいくだろう。その日を楽しみにしている。

２０１９年３月

山本昌

まえがき

２０１２年４月30日、僕は横浜ＤｅＮＡベイスターズ戦で７回を２安打無失点に抑え、54年ぶりに中日ドラゴンズの球団通算勝利記録２１１勝を更新して２１２勝を達成した。

このとき46歳８か月。

現役47歳、プロ野球の現役選手として最年長であり、現在、最年長先発勝利記録を更新中だ。

最多勝が３回、最優秀防御率が１回、最多奪三振が１回、ベストナイン（最優秀投手）が２回、そして、投手として最高の栄誉である沢村賞が１回。

そして通算２１３勝——。これがプロ生活29年の成績である。そして30周年を迎えた。

それにしても、よくやってこれた。心からそう思う。

僕は将来を期待されたルーキーではなく、中日ドラゴンズからドラフト5位で指名された無名の投手だった。野球に青春をかけた高校球児ではあったが、プロ野球など夢のまた夢。当時、日大藤沢高校の3年生だった僕は、将来は教師になるつもりで、すでに日大への進学が内定していた。

そこへ中日ドラゴンズから突然の指名である。プロ野球のスカウトからのアプローチがあったとは聞いていたが、本当に指名されるとは予想もしていなかった。

しかも、地元の大洋ホエールズ（現横浜ＤｅＮＡベイスターズ）ではなく、縁もゆかりもない中日ドラゴンズだ。

戸惑い、そして迷った。プロでやれる自信などまったくなかったし、将来のことを考えれば、大学野球を楽しみつつ、教員資格を取って教師になるほうがはるかに堅実である。だがその一方で、高校球児として純粋にプロ野球へのあこがれもあったし、中日ファンだった父親を喜ばせたいという気持ちも子ども心にあった。

問題は、プロとしてやっていけるかどうか。

躊躇《ちゅうちょ》する僕の背中を押してくださったのは、3年間お世話になった野球部の香椎瑞穂《かしいみずほ》監督の「おまえならプロでやっていける」という一言だった。

僕のどこを評価してそう言ってくださったのか、あるいは単なる励ましだったのか、香椎監督が鬼籍に入ったいまとなっては確かめるすべはないが、この言葉がなければ、僕は大学に進学して教師になっていただろう。

プロ入りを決断した僕は、期待と不安に胸をふくらませてドラゴンズのユニフォームに袖を通した。高卒ルーキーがいきなりプロとして通用するとは思わないが、「いずれは一軍で」――と将来に夢を描いた。

ところが、そんな甘い期待はたちまち木っ端微塵《みじん》に吹き飛ばされてしまう。

当時、ドラゴンズのエースとして活躍されていた小松辰雄さんのピッチングを目の前で見たとき、プロの実力をまざまざと思い知らされた。「スピードガンの申し子」と言われた小松さんの時速150キロを超える豪速球に圧倒されるばかりだった。

(俺には無理、絶対に無理。いつまでプロの世界にいられるか……)

足に震えが来るような絶望感をいだいたことを、いまも鮮明に覚えている。

実際、プロ入り1年目のオフ、早くもクビになりかけた。このことを僕はのちになって知るのだが、僕があまりにも二軍コーチの言うことを聞かなかったことが原因だ。

コーチからは、ピッチングフォームについて「ヒジをサイドスロー気味にして投げろ」と言われたのだが、「いや、僕はこれで」と、頑として変えなかった。

僕は本格派の投手を目指しているのであり、サイドスローではなく頭上から振りかぶって投げるワインドアップモーションからのオーバースローにこだわったのだ。

コーチが愛想をつかし、「もう、あいつはいらない」と球団に進言したのである。

本来なら、そこで僕の野球人生は終わり、プロ入りしたことを後悔することになったはずだが、「1年でクビにしたんじゃ、スカウトの顔をつぶすことになる」という球団の判断でお払い箱にならなくてすんだのだった。

その後も鳴かず飛ばずのまま、プロ入り3年目の1986年秋を迎える。浜松での秋期キャンプのブルペンでドラゴンズの監督に就任した星野仙一監督から、「おい、ヤマよ、いつになったら本気で投げるんだ?」と聞かれたときは、僕も「ずっと本気で投げていますけど……」と答えるのが精一杯だった。

星野監督はのちになって、「期待してブルペンを見に行ったが、ただの大柄な男で、あまりに不恰好なモーションでコントロールもない。球も130キロ前後しか出ないからガッカリした」と語っているが、僕はその程度の投手だった。

入団5年目には、米国メジャーリーグの1Aへ「島流し」にもされた。事実上の戦力外通告である。

そんな僕が今年プロ生活30年を迎え、現役最年長選手としてプレーしている。この30年を振り返れば、ボーダーラインという塀の上を、落ちもせずヨタヨタしながら歩いてきたようなものだ。

だが、口はばったいが言わせてもらうなら、努力だけは人一倍やってきたという自負はある。野球に対して絶対に手抜きはしなかったし、決して逃げ出さなかった。

「無理だな」と思わず、あえて目標を高く持ち、100%の力を注いで真面目にやって短所を長所に変える方法を学んだ。

うまくいかなくて当たり前と、くさることもしなかった。

今日より明日、明日より明後日……。一歩でも、半歩でも向上していくよう努力を尽くしてきた。ただ努力したからといって報われるとは限らない。チャンスがめぐってきたときのために、いまを努力するのだ。

しめった薪は燃えない。くすぶって煙を出すことはあっても、燃え上がることは絶対にない。だから、いつかやってくる〝種火〟のために乾燥させておかなければならない。

20代で燃え上がる幸運な人間もいれば、40代、50代になっても〝種火〟に恵まれず、寒風にさらされている人間もいる。そこでくさるか、あきらめるか、いつかのために備えるか。

ここで人生は決まる。

僕がやったことは決して難しくなく誰にでもできる。

人生は一度しかない。だから、僕自身もめげている人の励みになればいいと思っている。

「めげている時間がもったいないよ」と言ってあげたいのだ。

逃げている暇はない。

自分から変わっていく努力をしなければならないのだ。

継続する心

目次

新書版のためのまえがき——3
まえがき——7

第1章 続ける——19

01 こだわる——20
02 ハードルは自分で設ける——24
03 置かれた環境で根を張り花を咲かす——29
04 自分に足りないものは何か——32
05 才能よりも「努力」を信じる——38
06 自分を見いだしてくれる人に出会う——43
07 短所を活かせば長所に変わる——49
08 「少しずつでも続ける」を心がける——52
09 指揮官の「一言」はこれほどに重い——57

第2章　めげない　65
10　往生際を考える　66
11　「このままでは終われない心」を持つ　72
12　「自分のせい」にする勇気　74
13　人格はどう磨く　78
14　どん底にこそ、チャンスがある　84
15　遊びも真剣に取り組む　90
16　運は必ず来る　96
17　努力は絶対に裏切らない　102

第3章　変わる　107
18　恩義と感謝を忘れない　108
19　「引き出し」が勝負だ　115

20 イメージでメンタル習慣をつくる――121
21 変えていいもの、いけないもの――124
22 試す心――128
23 進化する心を持つ――133
24 「自分に何ができるか」を常に問う――138

第4章――受け入れる――149

25 人を批判できるだけの自分か――150
26 黙々とこなす――152
27 ゲンをかつぐ――158
28 緊張を「友だち」にする――163
29 「もし……」を封じる――168
30 好調と不調をどうコントロールする――174

第5章 腹をくくる ―― 189

31 上司から学び盗め ―― 180
32 腹をくくる ―― 190
33 開き直る心 ―― 194
34 若手を教育するには失敗談がいい ―― 199
35 ダイヤではなく〝いぶし銀〟を目指せ ―― 204
36 相手にとって自分は〝必要な人間〟として成長しているか ―― 208
37 あきらめない ―― 215
38 人生は、思った以上に短い ―― 220
あとがき ―― 228
あとがきのあとがき ―― 233

第1章

続ける

01
こだわる

これまで僕は、工藤公康《きみやす》さん（元西武、ダイエー、巨人、横浜）を目標にしてきた。僕は工藤さんの二つ年下で、工藤さんが最年長の現役投手として頑張ってくださり、僕たちはそのあとをついて行った。

いわば工藤さんが、道なきところに道をつくってくれたようなものだ。だから歩きやすかったと思う。

その工藤さんが２０１１年の暮れに47歳で引退し、29年間のプロ野球生活にピリオドを打った。

それで昨シーズンは、「今年で、工藤さんに並ぶぞ」という目標が僕にはあった。

２０１３年は工藤さんを超えて、30年目のプロ人生を迎える。

一つの目標を達成したら、その達成感に浸ることなく、すぐにもう一つ新しい目標をつくるようにしている。次の目標は、元阪急ブレーブスの浜崎真二さんが48歳4か月で達成した「日本プロ野球史上最年長公式戦勝利」の記録更新だ。

それよりもさらに大きい目標がある。「現役最年長であり続ける」ということだ。

この目標を持ち続けたいという気持ちのほうが、いまは強くなってきている。これまで工藤さんがそうであったように、先頭を行く者としての、いわば「こだわり」だ。

これからは、僕が試合に出るたびに記録が生まれる。投げるだけじゃない。極端な話だが、バントしても、三振しても「最年長記録」なのだ。

中年世代の選手に対しては
「マサさんが頑張っているんだから、俺たちだって」

という励みになりたいし、若手に対しては「俺たちだって、頑張ればあの年までやれるんだ」という目標でありたい。

そうとなれば、これから1年1年、1試合1試合、いや1球1球が勝負になっていく。毎年毎年モチベーションが高まってくるのは、年を重ねる度に思いを新たにしてきているからだ。

以前とは違い、いまでは40代でも現役を張るプロ野球選手が珍しくなくなった。

同じ40代の選手で、長年の親友でもある山崎武司。

彼とは性格的にもウマが合うし、お互いのモチベーションを高めるという意味でかけがえのないパートナーだと思っている。バッターとピッチャーという違いがあるから、会社で言えば同じ会社でも営業と総務のように部署が違うので、野球の技術論を深く話し合うようなことはあまりないが、〝継続する心〟を持って現役にこだわっている。

「まだまだやろうぜ」

二人はそう約束している。

二人とも車とラジコンが好きだ。

彼がオリックスに行っても、楽天に行っても電話でいろいろ近況報告したり、話をしたり、お互いに泣き言を言ったりして励まし合っていた。

本当に男気があるし、絶対に嘘をつかない人間だ。

普段から信用できる人間で、自分に対して正直だし、人に対しても正直で人を騙したりするようなせこいところがない。熱い気持ちもあるし、僕にないようなものを持っているし、人をしっかりと統率できる人間だから、引退してからも一緒に仕事ができるといいなと思っている。

一方で、同じ40歳代で長年活躍してきた選手が現役を終えたことに、一抹の寂しさを覚えることも増えてきた。

２０１２年も、阪神の金本知憲《とものり》やソフトバンクの小久保裕紀《ひろき》、広島の石井琢朗《たくろう》が引退した。

金本は彼がルーキーの頃から見てきて、広島・阪神で長年ライバルとして対戦し続けたし、小久保も巨人在籍時や交流戦などで何度も顔を合わせてきたから、彼らの引退は残念だし、もったいないと思う。まだやれるのではないかと思うし、本人たちもそのつもりだったと思われるのだが、周囲の声を聞いて、自ら線を引いたのだろう。

一般論で言えば、野球選手の本音は「状況が許してくれるなら、いつまでも続けたい」だと思う。

引退が目の前に迫っていても「もう辞めたい」と本当に思う人間がどれくらいいるだろう。きっと１００人に１人くらいしかいないだろう。

やれるのであればいつまでも続けていたい。

でも、チームの状況と、自分の置かれた状況を客観的に見て「そろそろ潮時かな」と悟り、引退という道を選ぶのだと思う。

これは、プロ野球選手に限らず、すべてのスポーツ選手の偽らざる本音ではないだろうか。

金本は阪神タイガースのなかでも横綱格であり、思うような成績が残せなければ横綱としての品格を保てなくなるだろうから引退を決断したのだと思う。

続けていれば引退はいずれ来る。

遅かれ早かれ自分にもやってくるものだ。

しかし、引退が目の前だからといって手を抜くようなことはあってはならないと思っている。

金本も小久保も引退ぎりぎりまで全力でプレーして手抜きをしなかった。人生においてとても大切なことである。

僕も、もちろん「その日」が来るまで一切手を抜くつもりはない。

引退まで努力して屈しない——そんな心持ちでいる。

02
ハードルは自分で設《もう》ける

これは初めて書くことだが、球を投げる僕の左腕は長年の酷使で、一定のところから曲がらなくなっている。

何年も前からそうだ。だから歯磨きするのも一苦労だ。

左手に持ったブラシを歯のところまで持っていくことができないため、顔のほうを歯ブラシに近づけている。耳かきもできないから、左耳がかゆくなると困ったことになるのだ。ネクタイは両手を使って何とか結べるが、利き腕が曲がらないのでワイシャツの第一ボタンをかけるのがとても難しいのだ。

原因は、左ヒジの「関節鼠《かんせつねずみ》」。使いすぎ症候群というやつで、遊離した骨片を手術で取り除かなければならないのだが、それがいつのまにか、うまく固まってしまったのだ。

腕にロックがかかって曲がらなくなったし、伸ばすこともできなくなったというわけだ。投球に支障がなかったことは幸運としか言いようがない。

そういえば、僕の左ヒジのレントゲンを病院の先生が利用しているそうだ。

この病院は、中日ドラゴンズの選手のかかりつけになっているということで、中学、高校の野球部生徒がよく診察を受けにやってくるのだが、ヒジ痛を訴えて、

「先生、手術したほうがいいでしょうか?」

と聞く子が少なくないのだそうだ。

ちょっとでも痛かったり、成績不振だったりすると、すぐに故障のせいにして、手術に

助けを求めようとする。

だから先生は、診察して問題がなければ、僕のレントゲンを見せて、

「これ、ドラゴンズの山本昌投手の左ヒジだよ。ほら、ここの骨片がこうなって、ああなって……」

と説明して、

「こんなヒジでも、山本昌選手は手術したことないんだよ。キミのヒジは大丈夫」

そう太鼓判を押すと、

「ハイ！」

と元気よく帰っていくそうだ。妙なところで、僕の「関節鼠」は役に立っているのである。そんなヒジでも、僕はこうして現役で投げることができる。これには心から感謝している。

僕は高校時代、英数国の３教科が苦手で、通信簿が10点満点で5、6、7くらいだったが、理科と社会は得意で9と10だった。

野球部に入っている割には運動神経がそんなによくなくて、体育は6か7程度。高校時代はあまり勉強しなかったが、僕の自慢は無遅刻無欠席の皆勤賞。

これは小さいときからそうで、小学生のときは皆勤賞を4回もらっている。プロ野球に入ってからも29年間、無遅刻無欠席だ。

そんな自分のことを考えてみると、「準備」をするのが好きな人間だということに気がつく。プロに入ってから、集合の30分前には着いておこうと、目覚まし時計を少し早めにかけるのが習慣になった。

体調管理も、サプリメントなどは用いないが、ちょっとでも体調に異変を感じたら、すぐに薬を飲む。自分の身体に敏感で、たえず頭の中で全身をチェックしているのだ。だから夜、眠っていて左肩が下になると目が覚める。無意識に肩を守っているのである。

そして朝起きたら、まず肩を回して、(大丈夫だな。痛いところはないな)と確認をする。

これはプロ入りして30年の習慣だ。

引退すれば、もうこういうことはやらなくてすむ。そうなれば、きっとさみしくなるだろう。定年を迎えた人が、朝いつもの時間に起床して、(あっ、今日から会社へ行かなくていいんだ)と、何となくさみしく思うことがあると聞くが、きっとそれと同じだろう。

だけどリタイヤしても、そこに新たな生き甲斐を見つけ、モチベーションを高めていく必要があるのではないか。

そうでなければ、味気ない日々になってしまうだろう。

これは、サラリーマンも主婦も同じだと思う。

最初は専業主婦でも、そのうち習い事を始めたり、フィットネスクラブへ通ったり、独身時代のようにもう一度働くとか、何か目標を持つべきだ。

僕はまだ現役だが、いずれ野球界から引退すれば、新たな生き甲斐を見つけ、それに全力投球する人生でありたいと思う。

言葉を変えれば、人生のハードルを常に自分で設《もう》け、飛び越え、達成感を味わうところに生き甲斐と幸せがあるということになるだろうか。

それは「人生のハードルは自分で少しずつ上げていく」ということに気がついたからだろうと思っている。

リーグ優勝はあるが、日本シリーズに勝った経験が僕にはない。

日本シリーズを勝つまでは、絶対に引退したくないと思っている。

これだけ頑張ってきたのだから、（今年は神様が僕に日本シリーズを勝たせてくれる）と、本気で思っている。

03
置かれた環境で根を張り花を咲かす

人生は、過去に遡ってやり直すことはできない。

だから「もしも、あのとき」と、過ぎ去った昔を振り返るのは無意味だと思う。だが、そうと承知しながらも、いまこうして半生を振り返ってみると、「もしも」という偶然によって思いもかけない曲折をたどっていることに唖然とさせられる。

これは僕だけでなく、どなたも同じ感慨をいだくのではないだろうか。言葉を変えれば、人生は意志を超えた偶然が歩む道を決めるということでもある。

こう考えていくと、人生に天職と呼べるものはないのかもしれない。いま就いている仕事を天職だと思って頑張るか、「本当は、こんな仕事、やりたくないんだ」と不平不満をいだきつつ、生活のために働くか。この違いがあるにすぎないのではないだろうか。

僕は野球選手が天職だと信じて疑わないできた。

天職に就けたことを幸せだと心底思ってきた。

だが、よくよく考えてみると、偶然がいくつも積み重なってプロ野球選手になれただけなのだ。

偶然の一つがちょっと違っていれば、僕は大学に進み、野球部で青春を謳歌し、学校の教師になって「これぞ、天職」と言って喜んでいるかもしれない。

そのことに思いを馳せるとき、いま置かれている境遇を〝天の配剤〟と信じ、最善の努力ができるかどうかで、人生の幸不幸は決まるように思うのだ。

プロ野球選手になるような人間は、子どものころから注目されている。だけど僕は違う。少年野球チームでピッチャーをやっていたが、注目されるどころか、そのチームでエースにはなれなかった。

中学でも軟式野球部に入ったが、同級生に絶対的エースがいて、僕は補欠だった。とても僕なんかじゃかなわない存在だった。ところが、そのエースが腰を痛めたため、二番手ピッチャーの僕が繰り上がることになる。

これが、そもそもの偶然の始まりだった。エースに昇格した僕が試合で投げ、県大会まで進んだことから、いくつかの高校から勧誘され、高校野球の強豪校、日大藤沢高校へ進学することになる。

日大藤沢高校は野球の強豪校だったし、僕の技量もある程度のレベルに引き上げることはできたと思うが、甲子園の神奈川県予選ではベスト8止まり。当然ながら注目もされず、ましてプロ入りなんて夢にさえ思わなかった。推薦枠で日本大学へ進学して教師になるというのが、高校三年生のときの僕の既定路線だった。

ここで、もう一つの人生の偶然が起こる。夏の甲子園大会終了後、僕は神奈川県選抜のメンバーに選ばれ、東京都、千葉県、栃木県のメンバーとで選抜チームが編成され、韓国選抜と対戦した。

神奈川県のエースは、横浜商で、その年に僕と同じくドラフト3位で中日ドラゴンズに入団した三浦将明。横浜商を１９８３年の春夏連続で準優勝に導く活躍を見せていた（その時の優勝校は、春が水野雄仁《かつひと》を擁した池田、夏は桑田真澄、清原和博のＰＬ学園）。

しかし、彼は「神奈川県選抜」ではなく、その上の「日本選抜」に入り、ここでも僕は繰り上がりでエースになった。そして、韓国選抜を相手に予想外の好投。中日ドラゴンズからドラフト5位で指名を受けることになる。これが、僕がプロ入りまでの経緯だ。

中学時代の絶対的エースが腰を悪くしなかったなら、三浦将明が「日本選抜」でなく「神奈川県選抜」に入っていたなら、僕は間違いなくプロ選手にはなれていなかった。

とてもじゃないが「野球選手が天職だ」と胸を張れるものではない。期待されざる二流の選手が人生のアヤでプロ入りしたにすぎないのだ。

そして、入団1年目から期待もされずクビ寸前まで追い込まれても、僕は頑張った。あきらめなかった。「今年こそ、クビになるかもしれない」という恐怖に背後から追いかけられながら、必死で努力した。自分を賞賛しているのではない。

偶然であれ必然であれ、置かれた環境で、僕は精いっぱいの努力をしたということを知ってほしいのだ。意に染まない仕事に就いている人もいると思う。

華やかな職種を羨望することもあるだろう。お金だって稼ぎたい。だが、僕はこれまでの経験から、いまある境遇を是とし、ひたむきに努力することによって、花が咲き人生は大きく変わっていく。

「努力して変わらない人生など、決してない」——これが、プロの荒波に29年間もまれ、結果を残した僕の確信なのである。

04
自分に足りないものは何か

「真面目にやっても、うまくはならないぞ」

入団したころ、ある先輩が僕に言った言葉だ。将来性のなさそうなルーキーが必死で練習する姿を見て、先輩は揶揄《やゆ》したのだろう。「もっと要領よくやれよ」――言外にそう伝えたかったのかもしれない。

だが、僕は練習に手を抜かなかった。真面目であったというより、無名の僕がプロで生き残っていくにはどうしたらいいか、不安に駆られて手を抜くことができなかったと言ったほうが正確だろう。

成果が出なくても、黙々と練習をこなした。いまの自分があるのは、練習に手を抜かなかったからだと思っている。

なぜなら、合理的・科学的な練習法はあっても、「要領のいい練習法」など、あり得ないからだ。

マラソン選手が30キロの走り込みを要領よく5キロですませ、同じ効果をあげることはできない。楽をしてはならない。

苦しくない練習は、僕は練習とは呼ばない。いまでも、キャッチボールはチームの中で一番長く行うようにしている。

効率的かどうかは関係ない。

自分が納得できるメニューをこなしていけば、それが練習になる。

これはアスリートに限るまい。

サラリーマンだって、要領よく立ち回ることで出世していこうとする人は少なくないだろう。

社会風潮などと大上段に構えるわけではないが、いまの世のなかは愚直であることが嘲笑され、「要領のよさ」が美徳とされている。だが、要領のよさだけでは決して一流にはなれない。「練習嫌い」はいても、練習をしないトップアスリートは一人もいないのだ。

僕が現在主にトレーニングを行っている鳥取市の「ワールドウィングエンタープライズ」にはオリンピック選手も来るし、これからオリンピックを目指す若者たちも来れば、Jリーグ入りを目標にするサッカー少年たちも来る。

陸上選手も、水泳選手も、テニスも野球も、プロだけでなくアマもたくさんやってくるが、彼らの練習を見ていると「ひたむき」の一語に尽きる。

たとえば、毎日のように一周400メートルのトラックフィールドをひたすらぐるぐるランニングしている少年がいたのが気になったので、「あの少年は何の選手?」とスタッフに聞いた。

「陸上の長距離選手です」

「何キロ走るの？」

「20キロだと言っていましたが」

「何それ？　50周じゃないの！」

こんな感じなのだ。

そのとき僕は思った。アマチュアは多額の報酬を受けているわけでもないのに、自分を追い込み、負荷をかけ、苦しみのなかでひたすら頑張っている。

もちろん競技に勝つという目標がある。何よりこのスポーツが好きということもあるだろう。

モチベーションは人それぞれとしても、彼らと僕たちプロ野球選手をくらべると、僕たちのほうが甘いのではないか。多額の報酬をもらいながら、そこそこの練習でよしとする選手は少なくない。

一流のアマチュア選手の努力に学ぶことが多いと、我が身を反省しつつ、「二流のプロは、一流のアマチュアに及ばない」と自分に言い聞かせた。

二流のプロ野球選手は、一流のアマチュアがドラフトで入団してきた時点で、すでに負けているのだ。

アスリートに限らず、それぞれの世界で一流のプロになるためにはどうすればいいか。努力するのは当たり前だが、その前提として自己分析力――すなわち、自分を客観的に見て評価するという視点が不可欠だと思っている。

自分に足りないものは何か、どうすればそれが補えるのか。あるいは短所を克服するにはどういう方法が考えられるのか。

長所をより伸ばしていくには何をなすべきか。いまの自分に必要なもの、足りないものを的確に分析することによって、練習の目的が明確になってくるのだ。

ルーキーは、スカウトマンの厳しい評価を経てプロの世界に入ってくる。だから能力にそう違いはない。少なくとも天地の差ほどはない。

一般企業だって、入社試験を受けて入ってくる以上、新卒に能力の差はそうはないはずだ。ところがプロとして大成する選手は少なく、多くは二軍でくすぶったり、戦力外通告で去っていってしまう。

その差は「自己分析力」だと僕は思っている。

もちろん運・不運もある。ケガで選手生活を棒に振ることもあれば、逆にレギュラー選手がケガをしたためポジションをとるということもある。

だが、運・不運は努力の及ばないものとして受け入れ、そのうえで自分はどうすべきかを考え、練習方法を工夫し、必死の努力をする人間が伸びていくのである。

高卒ルーキーとしてドラゴンズに入団してから29年間、僕はプロ野球ひと筋で生きてきた。

一般企業に勤めた経験は皆無だが、プロ野球界という狭い世界もまた、社会の縮図である。

理不尽なこともあれば、不条理なこともある。

もちろん、震えるような感動もある。そうした世界で、選手たちの、人生の悲喜こもごもを見てきた。

将来を嘱望され、練習にも熱心に取り組み、それでいながら芽が出ないまま去っていく選手は少なくない。

その一方で、僕のように期待されざる人間がタイトルをとり、記録を更新している。必死の努力もしたし、多くの人たちに支えられてきたおかげだが、同時に、僕は自分という人間を分析し、それにもとづいて練習をしてきたつもりだ。

「真面目にやっても、うまくはならないぞ」

と言った先輩の言葉は、反面教師として僕は噛みしめている。

05 才能よりも「努力」を信じる

よきライバルに恵まれて、人間は成長していくという。

一人であれば緩みがちなスピードも、ライバルがいれば、お互いが鼻先を競うようにして前へ前へと全力疾走していく。プロ野球の一軍出場登録は、わずかに28名。椅子取りゲームである以上、実力が伯仲するライバルに後《おく》れを取るわけにはいかない。これは野球に限らず、会社だって同じだろう。出世競争とは、ライバルに打ち勝つことなのだ。

ルーキーの僕にもライバルがいた。83年秋、ともに中日ドラゴンズに入団した同期の三浦将明だ。

相手は甲子園で脚光を浴びた期待の新人で、かたや僕は無名となれば、「あいつには負けたくない」とライバル心をいだくのは、血気盛んな十代の若者としては当然だったろう。

プロで通用するかどうか不安はあったが、僕は一軍登板を目指して練習に励んでいた。

だが、登板の機会はやってこない。まったくやってこない。高校を出たばかりの新人に、そう簡単に登板のチャンスがめぐってくるとは思っていなかったが、プロ入りして1年が過ぎ、2年が過ぎても、お声はかからなかった。

そして、3年目の86年――。念願だった初登板のチャンスがやってくる。忘れもしない10月16日、神宮球場でのヤクルト戦。この年は広島の優勝が決定、中日は5位が確定した、シーズン終盤の消化試合だった。ちなみに、翌日の最終戦で、大先輩の谷沢健一さんが引退している。

しかし僕にとっては、ここで結果を出せるかどうかが今後の野球人生を左右するという大事な一戦だった。

先発の鹿島忠さんからリリーフし、6回1死満塁の場面で登板。しかし、結果はみじめだった。6番の広沢克己《かつみ》（現、広澤克実、阪神タイガースコーチから野球解説者）さんに3ランを打たれるなど、2安打1四球自責点2で、あっさり交代。即刻、名古屋に帰らされてしまった。

（プロとしてやっていけないのではないか……）

不安に胸がしめつけられる思いで、新幹線に乗ったのを覚えている。

そんな秋口のこと。ドラゴンズの地元・愛知県享栄高校からドラフト1位で大型新人が颯爽《さっそう》と入団してくる。3歳年下の近藤真一（現、近藤真市、中日コーチ）だ。

僕と同じ左ピッチャーで、春・夏連続で甲子園大会に出場。

140キロ台後半の直球と大きく縦に割れるカーブは10年に一人の逸材だと言われていた。甲子園の大スターとあって、ドラフト会議では5球団が1位指名で競合。抽選でドラゴンズが交渉権を獲得したのである。

実際、近藤のカーブはすごかった。すごすぎて、ライバルと気安く呼べる相手ではなかった。

ライバルどころか、僕は近藤の入団で弾き飛ばされ、今季オフに戦力外通告されるのではないかと密かに怖れた。

幸いにもクビにはならなかったが、遠からずドラゴンズに自分の居場所はなくなるかもしれないと思った。一方の三浦は、カーブの評価は高かったものの、球威不足と言われ、彼もまた苦しんでいた。

僕が本気でクビを覚悟したのは、翌シーズンの87年8月9日に、近藤が一軍初登板の巨人戦でノーヒットノーランを達成した時だ。

驚いた。信じられない。

高校出のルーキーが完投するだけでも大変なことなのだ。

（俺の出番はない。これでクビになる）

そう思った。

だが、座してクビを待つのはいやだ。

悶々として眠れぬ夜を過ごすなかで、僕は考えた。結果がどうあれ、背水の陣において根限りの努力をしてみるべきではないか。

そう自分に言い聞かせたのだった。

人生は自分との戦いである。気力の勝負だ。日々がハードルの連続であり、

「飛び越えてやる」

という気力を失えばそこで立ち止まり、リタイヤするしかない。いくつのハードルを飛び越えていけるかわからないが、目前のハードルを一つひとつ超えていかない限り、ゴールには絶対にたどり着けない。

「おまえならプロでやっていける」

プロ入りを決心させてくれた日大藤沢高校の香椎監督の言葉にすがり、僕は目前のハー

ドルに向かって猛然と走り出したのである。

キャンプインに際して、僕は開幕までの2か月間、一日も休まず投球練習を行った。才能に劣るなら、死ぬほど努力するしかない。

休日も投げた。

おそらく、休日までも投げ込み練習をした投手は、日本のプロ野球界ではいないのではないだろうか。それくらい自分を追いつめた。

僕は、自分に何かを課し、それを実行することで野球は上達すると信じている。

それが物事を俯瞰《ふかん》して見る習慣を身につける結果につながった。

これによって自分に何が足りないのか、また何を伸ばせばもっと上へ行けるのか、などの「啓発する心」の礎《いしずえ》を作ったような気がする。

だからキャンプで1日も休まず投球練習を続ければ開幕一軍につながると信じ、自分にもそう言い聞かせて頑張ったのである。

入団して4年目、僕は開幕一軍に選ばれた。球威やピッチング技術はともかく、野球の神様が「マサが頑張っているから一軍に入れてやれ」と言ってくれたか、あるいはひたむきな練習態度が監督やコーチに認められたか。

いずれにせよ、「一念、岩をも通す」という言葉があるが、これは本当だと、当時を振り返って思うのである。

06
自分を見いだしてくれる人に出会う

僕の投球フォームを「美しい」と言ってくれた人がいる。以前、タコ踊りのようなフォームの自分の姿を横から映した映像を見て、あまりのカッコ悪さにショックを受けたし、フォームを見たコーチは「野球選手としては、とても大成しないと思った」と慨嘆されたほどだ。

ところが、その僕のフォームを、鳥取にあるトレーニング施設「ワールドウィングエンタープライズ」の代表である小山裕史《やすし》先生［博士（人間科学）（早稲田大学）］が、

「マサ君、キミのフォームは美しいよ」

と誉めてくださったのである。

小山先生は、動作と機能改善の研究者として知られ、ＪＯＣ（日本オリンピック委員会）、日本スケート連盟、日本柔道連盟、日本水泳連盟、日本陸上競技連盟の各種競技の

フィットネスコーチを歴任し、神経と筋肉の機能促進、反射機能を高める「初動負荷理論」を創案した人物だ。青木功（ゴルフ）、イチロー（野球）、伊東浩司（陸上短距離）、宗兄弟（マラソン）、岡本依子（テコンドー）、堀井学（スケート）、藤田俊哉（サッカー）、杉山愛（テニス）、船木和喜（スキージャンプ）といったトップアスリート諸氏たちがトレーニング指導を受けている。

プロ野球では阪急ブレーブスが先駆けだった。わがドラゴンズでは僕以外にも岩瀬仁紀、清水昭信らも教えを受けている。

そのカリスマ・フィットネストレーナーが、お世辞でもなく、皮肉でも揶揄でもなく「美しい」と言ってくれたのだ。このときの衝撃がどんなものか、わかっていただけるだろうか。

たとえて言えば、それまで石ころだと思っていた塊《かたまり》が、宝石だと鑑定されたようなものだ。

人生というやつは、才能を見いだしてくれる「目利き」に出会えるかどうかで決まるのではないか。

また人生はあみだくじのようなもので、横線が1本入ることによって行き着く先はまるっきり変わってくる。

僕が引いた野球選手というあみだくじは、１９８８年のマイナーリーグへの「島流し」と、小山先生との出会いという２本の横線によって、当たりくじになったのだと思っている。小山先生と出会うことがなかったら、そして「フォームが美しい」という一言がなかったなら、僕の野球人生は確実に終わっていたことは確かである。

いま不遇にあろうとも、決してくさったり、あきらめたりしてはならない。

才能を見いだしてくれる――いや、石ころと思っていた自分の才能が、実は宝石であったことを見抜いてくれる「目利き」が現れることもあるのだ。

１９９５年、左ヒザを手術して二軍でリハビリ生活を送っていた僕が、ヒマつぶしにラジコンレースを始めた。そして、ラジコンの性能追求に没頭する若者たちのように、野球のことをもっと追求していけば、自分はもっともっとよくなるのではないか――そう閃《ひらめ》いた。同時に、僕は小山先生と出会うのである。

ちょうどこの頃、ドラゴンズのトレーニングコーチが、ワールドウィングで使用しているトレーニングマシーンを３、４台購入して、それを名古屋球場に備えつけた。リハビリ中だった僕は、何気なくそのマシンを使ってみたところ、

「めちゃくちゃいいじゃん、これ！」

と、気に入ったのである。

それでマシンについて調べ、鳥取のワールドウィングを知った僕はこの年のオフ、アポをとり小山先生を鳥取に訪ねた。

ワールドウィングには投球練習場があり、僕が投げる姿を小山先生はそばでじっと見ていて、

「マサくん、君のフォームは美しいね」

とおっしゃった。

「本当ですか？」

「うん。でも、ここをこういうふうにしたら、もっとよくなるんじゃないかな」

「先生、僕のフォーム、もう好きに直してください。先生の好きなようにつくってください」

僕は、思わずそう告げていた。

それから毎晩、二人で話し合った。力が生まれるメカニズムから筋肉の動き、関節の役割、そして、どこをどう動かせば瞬発力を引き出せるのか――。小山先生は「初動負荷理

論」について、僕が納得するまで説明してくださり、フォームの改造に着手したのである。それから17年、それまでの81勝にさらに１３２勝を積み上げ、47歳で通算２１３勝をあげることになる。

小山先生と出会うまで、僕は身体の状態や調子を感覚でとらえていた。「今日は身体がちょっと重いな」「調子が出ないな」――そんな具合だ。

しかし小山先生の指導で、筋肉や身体の動きやパワー、瞬発力といったものをメカニズムとしてとらえるようになった。だからこそ、この年まで現役で投げることができ、しかるべき成績と記録を残せたのである。

プロゴルファーの青木功さんとは、ワールドウィングでご一緒することがある。

「おい、マー坊」

といって親しくさせていただいている。ぶっきらぼうだけど、とても気さくで、そして面白い人。

そういえば、青木さんは週刊新潮でエッセイを連載しているが、ワールドウィングについて、こんなことを書いておられる。うろ覚えなので、知人に頼んでコピーを取ってもらった。２００７年に書かれたエッセイだ。

旧知のゴルフライターとのかけ合いの部分で、「齢《よわい》64にして体が若くなるなんて、青木功は化け物みたいだ」と言うゴルフライターに対して、青木さんはこう言っている。

「俺は化け物じゃない。自分なりにやることやってるからだ。秋のシーズンが始まる前に鳥取のワールドウィングで一週間ばかりトレーニングしたことは前にもいったと思うけど、そのおかげでいろんなところの関節の可動域が広がった感じなんだ。自分の体がひと回り大きくなった感じがするし、細い筋肉も強くなったんだと思うね」

細い筋肉とは関節のまわりにある筋肉のことで、マシンを使用して軽い負荷をかけながら伸ばしたり強くしたりしていく。

太い筋肉は日頃のトレーニングで現状維持はできるが、細い筋肉は別メニューのトレーニングが必要となるということを、青木さんは語っている。

これが、誤解の多い「筋力」の真相をメカニカルに考えるということなのだ。経験による感覚はもちろん大事だが、それだけに頼って「根本の仕組みを知る」という努力をしなければ、進歩はないのではあるまいか。

これはスポーツだけでなく、すべての仕事にも言えることだと僕は思っている。

07
短所を活かせば長所に変わる

「短所」とは、いったい何だろうか。

そのことを、つくづく考える。

たとえば、僕の股関節は外側を向いている。人とは違う向きなのだ。いわゆるガニ股というやつで、投げるときにヒザが外へ割れてしまうので力が逃げてしまう。投手としては、身体のつくりが致命的なものだ。

プロ入りして自分の投球フォームを横から映した映像を見たときは、あまりのカッコ悪さにショックを受けた。自分では、もっときれいに足を上げてるつもりでいたが、これじゃ、とてもなっていない。

「野球選手としては、とても大成しないと思った」

とは、入団のときから僕を知る三木安司トレーニングコーチである。

実際、入団1年目にしてクビになりかけたときに、スカウトの顔を立てるという考えが球団になければ、僕は1年でクビになっていたのである。

それから29年が過ぎても、僕は通算で213勝をあげて、現役選手最年長としてマウンドにあがっている。

ドラフト5位で入った無名選手でクビにされかけた身としては、出来すぎた〝大成〟と言っていいだろう。

では、なぜ大成できたのかといえば、ガニ股という「短所」のおかげである。ガニ股であったから、僕の決め球になるスクリューボールがマスターできたのだ。少し専門的な解説をすれば、力を逃がす球はよく曲がる。

力を逃がすには、ヒザを外に開けばいい。ヒザを開いたほうがいいなんて言う野球人はたぶんいないと思うが、球をリリースする位置と、反対側の腰の位置が遠ければ遠いほど変化球は曲がる。

ガニ股の僕は自然にヒザが外に開くので、スクリューボールに合っていた。ヒザが開くという致命的な欠陥が、スクリューボールには「長所」となったのである。

ただ、スクリューボールをアメリカで覚えたということが僕には幸運だった。

アメリカのマウンドは日本のそれより高いので、変化球の曲がり具合など投手に有利になっている。しかも、打者はブンブン振り回してくるから、ストンと球が落ちたらもう当たらない。

これがもし日本でスクリューボールを覚えていたなら、コツンと当てられて、「やっぱ駄目だな」とスクリューボールに見切りをつけていたかもしれない。初めて投げた打者が4番で、ブンブン振り回してくれたので自信をつけたのだった。

ガニ股という短所がなければ、僕はこれだけの勝ち星をあげることはできなかった。このことから「短所」とは何かということを考えてしまうのである。

結論から言えば、「短所」は活かすことで「長所」に転じるということなのだ。「短所」ということで、もう一つ加えると、背筋の弱さがある。僕の背筋力は１８０キロ程度で、プロ野球選手としては弱い。

速球も長打力も背筋が大きく関わっているので、僕に快速球は無理。

１３０キロ台がマックスで、これは高校生でも出せる。もし僕の背筋が強かったらどうだったろうか。もっと早い球は投げられたろうが、ヒザが外に割れるガニ股ではストレートは通用しなかったかもしれない。

早い球が投げられないから変化球を磨き、その結果、スクリューボールが僕のウイニングボールになっていくのである。

人生、何が幸いするかわからない。

《塞翁《さいおう》が馬》という中国の故事もある。短所だと悩んでいたものが、時代や環境の変化、あるいは人間関係などによって評価され、長所に変わることがある。

だが、偶然にまかせている限り、短所が長所に転ずる確率は低いと思う。短所を、欠点を、自分に不利な状況をどう活かすか。

この視点を持って努力してこそ、自分を活かす長所となるのだ。

08 「少しずつでも続ける」を心がける

「継続は力なり」という。

そのとおりだ。

歴史書が大好きでよく読むが、仏教の歴史本に『最下鈍《さいげどん》の者も12年を経れば必ず一験を得ん』という言葉を見つけて、思わずヒザを打った。日本天台宗開祖・最澄《さいちょう》の言葉で、最下鈍――すなわち「どんなに愚かで才能のない人間であっても、一つのことを12年続けていれば、必ず一つは秀でるものをつかむことができる」という意味だ。

「最下鈍の者」とは最澄自身を指していて、比叡山にこもって修行したのが19歳から31歳まで。

この修行年数が12年というわけである。

最澄に自分をなぞらえるのはおこがましいが、さしたる才能もない僕がなぜ２１３勝をあげることができたのかといえば、その最大の要因は「継続力」にあると思っている。

だが、何事も継続するというのは苦しい。

「よし、今日からダイエット。毎朝５キロ走るぞ！」

と、決心は誰でもできるが、それを継続するのは至難のワザ。

１日目、頑張って走る。２日目、なまけ心にムチ打って走る。３日目、雨が降れば、

（や〜めた）

となって、ジョギングは三日坊主で終わり、

（俺って、意志が弱いな）

と落ち込むことになる。

ジョギングに限らず、こうした経験はどなたもあるだろう。資格取得を目指した出勤前の早朝勉強など、たいてい挫折すると聞いたことがある。

だが、僕に言わせれば、これは意志が弱いのでも何でもない。継続するには志が高すぎただけなのだ。

つまり〝目標値〟を先に設定し、それを継続しようとすることに無理がある。〝目標値〟を成果から逆算するので、どうしても目一杯のものになる。そんなことが長続きするわけがなく、挫折して当然なのである。

僕は逆発想する。〝目標値〟を成果から逆算するのではなく、継続できるかどうか、から考えて決めるのだ。

たとえば毎朝走るなら、「何キロだったら毎日続けられるか」を考える。だから思い切って距離を短くする。5キロを目標にしたいと思ったら、1キロにする。これだったら、雨が降ろうがヤリが降ろうが継続できるからだ。

これは僕の考え方だが、「継続は力なり」の「力」とは精神力を養うことを意味すると思っている。

たった1キロでも、1か月、2か月、半年、1年と続けていくうちに「俺はやりとげている」という自信が腹の底から沸き上がってくるものだ。5キロの距離をノルマにして挫折すれば「自己嫌悪」、わずか1キロでも継続すれば「自信」。どっちがいいか、言うまでもないだろう。

継続することの大切さを教えてくれたのは、日大藤沢高校の先輩ピッチャー、荒井直樹さんだ。

1982年春大会準々決勝で横浜商と対戦し、荒井先輩と僕の二人とも打ち込まれて惨敗を喫した翌日、荒井先輩から二人で登校したら毎朝6キロをランニングするというタスクを課された。

「先輩、今日は土砂降りですよ」

休もうと思って言うと、

「合羽《かっぱ》を着ろ」

ニべもなかった。

だから雨が降っても雪が降っても走った。すると、日課として継続するうちに面倒くささ、辛さが消えていったのである。そして、このランニングは僕を投手として成長させてくれた。ランニング自体が投球に影響したというより、精神的に強く、たくましくしてくれたのだろう。荒井先輩から「継続」という貴重なことを教わったのである。

大きな目標を掲げ、自分を厳しく律し、継続できる人を「天才」と呼ぶ。凡人に天才の真似はできない。継続できるだけの小さな目標を持ち、毎日、コツコツとやっていくことで、凡人は少しずつ、しかし着実に進歩していくのだ。

もし、僕に才能と呼べるものがあるとすれば、「凡人」としての自覚を持てたことだろうか。天才のように、きついことを長くやるのは駄目で、軽いことを長くやるのが得意な人間であることが高校時代からわかっていた。

だから無理をしない。

ダンベルを購入して手首を鍛えるのを日課としたが、重さは2キロと軽いものにした。この重さなら苦にならないからだ。

さらに、トレーニングが10種類ほどあったが、僕はそれを1日3種類だけにした。寝る前にかならずノートを開き、表をつくって10種類のトレーニング内容を書き記し、ノートの下半分には、その日に行った3種類のトレーニングに○をつけていった。3種類だけなら、10分もあればできるからだ。そして、本当は10種類全部やるのがいいことはわかっている。しかし、それをやれば苦痛になって続かないということもまた、僕にはわかっていたのだった。

ちなみに、高校時代から始めた2キロのダンベルトレーニングは、30年が経ったいまでも、休まず継続している。

09 指揮官の「一言」はこれほどに重い

「あのひと言に救われた」――という経験が、僕には3度ある。

山田久志、落合博満、そして高木守道。中日ドラゴンズの監督を務められた三人の言葉だ。誉めたり、慰めたり、励ましたり、万言を費やすのは誰でもできるが、一言、一言をもって物事の本質をズバリと指摘できるのは優秀な指揮官に限られる。

山田久志監督はドラゴンズの選手ではなかったが、現役時代は阪急ブレーブスの黄金時代を築いたアンダースローのエースで、通算２８４勝をあげている。99年にドラゴンズのコーチに就任され、僕も指導を受けていた。

練習にとても厳しい人で、選手の年齢に関係なく、ダッシュもランニングも若手と同じようにやらされた。正直言って、不満がなかったわけではないが、いまにして思えば、山田監督に走らされたおかげで現役生活を長らえることができたと感謝している。

その山田監督が２００７年、僕に手紙をくださったことがある。この年、僕はわずか２

勝しかできず、「引退」という二文字を背負って苦しんでいた夏場。当時、解説者として活躍をしてらした山田監督が、見るに見かねてのことだったのだろう。

《前略　がんばれよ》

手紙を開封すると、直筆の筆で、そう書かれていた。丁寧に書かれた文字の向こうに、山田監督の顔が見えるようだった。

万言を費やしても及ばない励ましに、僕の気持ちは救われたのだった。

その2007年にドラゴンズの指揮を執っていたのが、落合博満監督である。87年にロッテからドラゴンズにトレードで移籍し、93年オフにFAで巨人に移籍するまで、現役選手として7年間一緒にプレーさせていただいた。だから僕の投手としての力量をよくご存じだ。僕が200勝したとき、「球の走らないピッチャーで、整理対象になるはずだったと聞いている」といったコメントを出している。

だから、200勝したとき落合監督は驚いただろうが、僕にボソリと、こう言ってくれた。

「これで、自分で引退を決められる選手になったな」

身が引き締まるような言葉だった。自分で引退を決めるということは、恥ずかしいプレーを絶対に見せられないということだ。引退を決めるのは自分の判断。落合監督の一言は万鈞《ばんきん》の重みをもって、僕の肩にずっしりとのしかかったのである。いまでもこの言葉を心に刻み、プレーしている。

高木守道監督の話をしたい。

高木監督の下でプレーするのは2度になる。1度目は1992〜1995年で、僕が活躍した時期。そして2度目が2012年——すなわち、僕が54年ぶりにドラゴンズの球団通算勝利記録を更新した昨シーズンである。

もし高木守道監督でなければ、記録更新どころか、引退していただろう。それも、高木監督のたった一言で、僕は奮起したのだ。

記録更新の前年になる2011年、春期キャンプで右足首を負傷した。リハビリによる復帰を目指したものの快復せず、僕は1年間、一軍二軍とも登板できなかった。

この年、ドラゴンズはセ・リーグ連覇を達成するが、僕はチームの勝利にまったく貢献できなかった。球団にとって戦力にならない「お荷物」だった。

9月に手術をし、リハビリを通じて右足首は少しずつ回復していたが、果たして来シーズンも現役でいられるかどうか、それはわからない。「自分で引退を決める」という落合監督の言葉を、このときほど噛みしめたことはなかった。ところが秋、元監督の高木さんが就任することになった。

かつて高木監督時代に僕は大活躍させていただいた。熱血漢の星野監督とは違って、選手の自立をうながすタイプだった。現役時代、ドラゴンズの名二塁手だった高木監督は「投手のことはわからないから」といってまかせてくださった。

だから打たれても叱責されることもなく、「次、頑張ってくれ」と言われる程度だった。そんな人柄が、僕は好きだった。

その高木さんが再び監督に就任されたのである。

引退すべきかどうか迷いながらも、高木監督なら、もう一年、頑張ってみようと、自分自身に期待を持った。

まだまだ自分は幸運に恵まれていると思った。ケガという不本意な理由でユニフォームを脱ぎたくなかったのである。このままでは終われない。

そして、その年の12月、名球会の総会が台湾で開かれ、高木監督と言葉を交わす機会があった。

「開幕、頼んだぞ」

そう言った。

「えっ？」

耳を疑った。僕はこのシーズン、一度も登板していないのだ。しかもドラゴンズには、最多勝のタイトルを獲った吉見一起というエースがいるにもかかわらず、僕が監督直々に開幕投手に指名されたのだ。

奮い立たないほうがどうかしているだろう。

開幕投手を告げられるまでは、ケガの再発を恐れて練習に慎重になっていた。

実際、僕が作成した復帰プランは身体に負荷をかけるということにおいて、少し甘かったかもしれない。

だが、もはや悠長なことは言っていられない。

開幕を睨みつつ、高木監督の期待に応えるためキャンプ序盤から飛ばした。キャンプ中に1200球の投げ込みを行い、2月下旬には打者を相手に変化球を投げ、オープン戦に4試合登板した。

1年のブランクがある。

一軍の打者に通用するか、不安をかかえての開幕投手。これは投げた者しかわからないが、開幕に先発するのは、普段のゲームのそれより三倍の重圧がかかる。

僕は文字どおり必死の調整に取り組んだのだった。

結論を言えば、開幕投手は僕ではなく、吉見投手だった。

開幕前の3月2日、僕はナゴヤドームで行われた広島とのオープン戦に登板するのだが、予定の2イニングを終えてマウンドを降りると、高木監督がわざわざベンチから出てきて、

「ご苦労さん」

と握手の手を差し出して、

「マサ、3戦目な」

と言った。

結果として、高木監督に僕はノセられたことになるが、感謝こそすれ、ガッカリすることはなかった。

なぜなら調整に成功したことで1年ぶりに一軍の先発ローテーション入りすることができたからである。

並の監督であれば、キャンプ前に「マサ、無理するなよ」と気づかってくれただろう。僕もその言葉に甘え、調整は甘いものになっていたはずだ。

そうなると先発ローテーションは難しかったろうし、当然ながら球団最多記録更新はなかったかもしれない。

「開幕、頼んだぞ」

という高木監督の一言は、僕の性格と心理状態を的確に読み切ったうえで仕掛けてくれたのだろうと、心から感謝している。

指揮官の「一言」は、これほどに重いのだ。

改めて思うのは、どんな環境にいようと、絶対に手抜きをしてはいけないし、あきらめてはいけないということだ。

第2章

めげない

10 往生際を考える

「潔《いさぎよ》さ」は古来より男の美風とされてきた。

「花は桜木、人は武士」

という言葉もある。

周知のように「武士たる者、桜のように潔く散る覚悟を以《もっ》て日々を過ごせ」という意味で、僕の好きな言葉だ。未練がましさ、女々しさは、男としてカッコ悪いと思っている。

だが「潔さ」には魔物が隠れている。

「自分への妥協」という魔物だ。成績が落ち、球威が落ち、勝ち星をあげられなくなってきたとき、「もういいかな」――と緊張の糸がプッツンと切れてしまう。

これが「自分への妥協」である。

潔さとは、刀折れ矢尽きてなお組み打ちを挑み、万策尽きたときの腹のくくりを言うのであって、「あきらめ」とは似て非なるものではないか。昨シーズン――球団の通算最多勝利を更新した２０１２年を振り返って、僕はそんなことを考えるのだ。

前項で述べたように、記録更新の前年2011年2月のキャンプ。連係プレーの練習をしていて右足首を負傷した。バント処理をしてサードに送球したとき、右足首を強くひねってしまったのだ。

亜脱臼という医者の診断で、僕はシーズンを棒に振る。夏場、ドラゴンズは、首位を快走するヤクルトを猛追し、ドラゴンズファンは沸きに沸いていたが、二軍暮らしの僕はまったく蚊帳の外。

（明日の朝、起きたら、足首が治っているかもしれない）

そんなことがあるわけないとわかっていながら、そう思うことで焦燥感と戦っていたのだろう。

ドラゴンズはヤクルトに競り勝ち、セ・リーグを連覇することになるが、僕は1度もマウンドに上がれていない。

最多勝を3回とり、沢村賞を受賞したピッチャーがチームの優勝に何の貢献もできない。針のムシロであった。

このシーズンはドラゴンズの二軍もウエスタン・リーグで優勝するのだが、9月中旬、マジック1になって、球団社長と幹部の方々が球場に足を運んできたときのことだ。

僕は歩み寄って、「もういいですよね」と伝えた。

進退伺いである。僕が200勝を達成したとき、落合監督が「これで、自分で引退を決められる選手になったな」とボソリと言ってくれた言葉を実行したのだ。長い間やってきて、200勝を達成している選手が引退するとなると、球団としても引退試合など段取りがあるだろう。

球団に迷惑をかけるわけにはいかないので、早めに進退伺いをしたというわけだ。

だが、「引退します」ではなく「もういいですよね」という言い方には、

(引き留めてほしい)

という未練がましい気持ちが潜んでいる。

だから「お伺い」なのだ。一軍のバッターに僕の球が通用しなくなったというのなら潔く身を引くが、ケガが原因で引退することは、自分に対して納得がいかなかったのである。

球団は僕のことをどう考えているのか。それを知りたくて「もういいですよね」という曖昧な問い方になったのだった。

「ケガの具合はどうなんだ?」

「手術すれば治るみたいです」

「じゃ、球団記録までやってみろ」

そう言ってくれたのである。年俸の大幅ダウンは当然だ。不満は一切ない。トコトン自分が納得するまで、燃え尽きるまで投げるチャンスをもらったことに、ただ感謝であった。

このとき僕が潔ければ、杉下茂さんの通算最多勝利記録を54年ぶりに更新した球団最多勝利という栄誉とは無縁であった。

「早く俺を超えろよ」

と杉下さんに励まされてきたので、記録を更新したとき、喜びよりも、やっとこれで杉下さんにお礼ができると安堵したものだ。

とは言うものの記録更新とはいえ、杉下さんはわずか10年で達成しているが、僕は29年かかっている。杉下さんの3倍の年数がかかっている。

そういう意味では杉下さんにかなわない。だけど、29年という長い期間を現役で投げ続けられたことを、僕は誇りに思うのだ。

実は、2012年のシーズンでも、8月頃に二軍に落とされた時、引退を覚悟した。一軍昇格直前の二軍での登板で打ち込まれ、「もうこれは駄目だな」と思った。

そこで、登板日の翌々日に、二軍の後輩たちのバッティング練習で「俺が放ったるわ」

と志願した。打撃投手の投球位置はマウンドよりももっとベース寄りなのだが、その位置から僕は後輩たちに2日連続で投げてあげた。

「正式に引退表明するまでは、これからは後輩たちのために何かしてあげよう」という思いからの打撃投手志願だったのだ。

そこまで覚悟を決めていたのに、次の二軍での登板でそこそこ抑えることができたため、ふたたび一軍からお呼びがかかったのである。「え！　この登板が最後のつもりだったのに」という思いがあったのと同時に、「ここで一軍にあがって勝ったらもう1回できるかな？」というスケベ心が出てきた。

球団には、シーズン中に
「もう辞めたほうがいいですよね」

と言ってみた。

「皆さんが『頑張れ』って言ってくださるけど、まあでも恥ずかしくなってきました」

というと、球団からは意外な反応が返ってきた。

「やればいいじゃないか。監督も、『来年もしろ』と言っているし」

「え？　ちょっと待ってください。そんな簡単に続けられていいんですか？」という思いだった。

「ただし、次の編成会議までもうちょっと待っておけ」と言われたので、会議終了の翌日、再び球団に尋ねた。すると、

「もうお前、現役でやることで決まったから」

という返答だった。

やれ、と言われて、正直、ホッとした。

「そうですか。じゃあ、ありがたくお受けします」

と言って、現役続行が決定したのである。

本音で言えば、「お疲れさん」と言われたくない。球団からは「自分で決めろ」と言われているのだが、いつまでも未練を引きずって恥ずかしい真似はしたくない。だから球団に「辞めたほうがいいですよね」という必要もないのだが、現役を続けたいという思いがある限り、一縷《いちる》の望みでもあるのなら、恥ずかしい思いをしてでも続けるべきだ。

もう一つつけ加えるとすれば、自分の価値の基準をどこに置くかによって、モチベーションを継続できるかそうでないかの分岐点になるように思える。「このくらいでいいや」という気持ちを持たないことが肝心だ。

往生際が悪いことが、僕の場合、吉に転じていった。

これも人生に大切なことである。

11 「このままでは終われない心」を持つ

２０１１年の手術のことをもう少し話してみたい。

手術を受けなければ１００％の状態には回復しないために、現実的には一軍復帰の道は絶たれるというのが、当時の状況だった。

シーズンはまだ終わってなく、チームは首位のヤクルトスワローズを猛追し、一丸となって逆転優勝を目指していた時期だった。

その中で僕は、チームに何の役にも立てずに二軍暮らし。歯がゆくて、不甲斐ない気持ちでいっぱいだったが、くさることはしなかった。

もしかしたら右足首の状態がよくなるかもしれない。そんな奇跡に近いことを願っていた。その可能性があるよう、練習はずっと続けた。

28年間現役を続けてきて、このまま不本意で終わることは考えられなかった。最善の努力もしないで、ふてくされたまま、ユニフォームを脱ぎたくなかった。

僕はエリートとしてプロ野球に入ったわけではない。プロ入り直後にアメリカのドジャースに野球留学して指導を受けたアイク生原《いくはら》さんをはじめ、多くの方のサポートがあったから、プロ野球選手として開花することができた。

そうした方たちへの御恩という意味でも、まだユニフォームを着させてもらっている以上、どんな状況でも最後まであきらめず野球人生を全うしたいと思った。

だから心が折れたことは1度もなかった。

サッカーの名古屋グランパスのGK楢崎正剛《ならさきせいごう》選手が同じアクシデントで手術に成功したことを聞いた。

一度も面識がないので、知り合いの記者から連絡先を手に入れ、直接電話をかけて相談した。

「手術の後約3か月で足首の状態は万全になり、試合に出場した」と本人から復帰への体験談が聞け、思い切って手術を決断した。

結果、これが成功し、カムバックすることができた。

2011年の1年を棒に振ったとは思わない。この決断という体験がなければ、僕は前に進むことができただろうか。

このままでは終われない。その気持ちを生んでくれたのだ。

だからこそ毎日を無駄にできないのだ。

12 「自分のせい」にする勇気

いつものように、寝る前に中国古典関係の本を読んでいたら、『礼記』の次の一節に目を引かれた。

《射《しゃ》は君子に似たるに有り。諸を正鵠《せいこく》に失いて、諸を其の身に反求す》

正鵠とは「弓の的」のことで、

「弓を射て的を外した際には、その原因を我が身に求めようとする。君子の態度も同様で、君子は失敗の原因を他に求めるのではなく、常に我が身を振り返って反省するものだ」

という意味になる。

他人のせいにするな——ということで、「まさにそうだ」と膝を打つ思いだった。

人生は思うにまかせないことが多く、不本意な人生に「こんなはずじゃなかった」とホゾを噛むこともあるだろう。周囲の目からは恵まれて見える人でも、人間は欲があるから、やはり不満に思うものだ。

しかも、「他人のせいにするな」と言われても、現実には「他人のせい」で人生は大きく曲折をたどっていく。

「あいつと知り合わなければ」

「あんな話に乗らなければ」

「監督が二軍に落としたから、やる気がなくなったんだ」

来し方を振り返れば、よくも悪くも「他人のせい」で、人生は右に左に翻弄されていることがよくわかる。

だが、それが「他人のせい」であっても、決めたのは自分だ。不本意であっても、拒否できない状況であったとしても、それを受け入れたのは自分だ。

「ほかに就職先がなかったから」

「本当は、こんな会社に入社するつもりはなかったんだ」

と、こんなグチを耳にすることがあるが、どういう経緯であれ、決めたのは自分であるということに気がつかないから不満が口をつく。人生に対する不満は、それまでの人生を否定することだ。

これほど不幸なことはないだろう。

僕が中日ドラゴンズにドラフト会議で指名されたとき、「まさか」と思った。不安が先に立ち、喜びなどまったくなかった。

だから迷い、最後は日大藤沢高校野球部の香椎監督の「おまえならプロでやっていける」という言葉に背中を押され、プロ入りを決断するのだが、1年でクビになっていたら、僕はどう自分の気持ちに折り合いをつけただろうか。

(香椎監督があんなことを言わなければ、俺は日大に進学して教師になっていたのに)

と「他人のせい」にしたか、あるいは、

(誰のせいでもない。決めたのは自分で、自分の力がプロで通用しなかったのだ)

と「自分のせい」にしたか。

『礼記《らいき》』の一節を繰り返し読みながら、そんなことを考えたのだった。

プロ入りして29年間を振り返れば、「他人のせい」にしたくなることは山ほどあるが、僕はいつも「自分のせい」にし、それを励みにしてきた。「野球の神様が見ている」という思いは、いまこうして振り返ると、責任はすべて自分自身にあるという思いに通じているのだろう。

だから野球人生に全力投球してきたし、いまもしている。

「他人のせい」にできない以上、すべては「自己責任」であり、自分が踏ん張るしかないからである。幸いにも運に恵まれ、周囲の人たちにも恵まれて、努力は実ってくれたと思う。

無名選手だった僕にしては出来すぎだろう。

そんな半生をいま振り返ってみて、もう1回やれと言われても、とてもできないと思う。人生は一回きりで本当によかったと、これは本心から言える。

努力もしたが、それは僕が勤勉だからじゃない。「他人のせいにしない」という生き方が、そうさせたのだと、いまは思っている。

逃げている暇はない。自分から変わっていく努力をしなければならないのだ。

そういう意味で、僕は幸せだ。野球選手として頑張れたからではない。

記録を残せたからでもない。

「人生は1度でじゅうぶんだ」「人生は1回でいい」と思えるような生き方をしてこれたことが、幸せだと思うのである。

13
人格はどう磨く

僕は神様の存在を信じている。

「野球の神様」「勉強の神様」「仕事の神様」といったように、それぞれの世界に神様がいて、

「この男は真面目だから引き上げてやろう」

「こいつは怠け者だから駄目だ」

というように、天界から見下ろしているのではないか。

そんなことを僕は子どもの時分から思っていた。だから風呂に入れば「あと3分お湯につかっていないと野球選手になれないぞ」と言い聞かせ、ランニングするときは「これを走りきらなければ上手になれないぞ」と言い聞かせ、頑張ってきたのだ。

神様がいるかどうかはともかくとしても、道徳的であるということは、すごく大事だと思っている。

どんな分野でも、実力に加えて人に恵まれなければ大成しないものだが、これを「運」

と呼ぶのではないだろうか。人に恵まれるとは、しかるべき立場の人が「こいつを助けてやりたい」「伸ばしてやりたい」と思うことだ。そのためには人間性――すなわち、人格が大切だと考えるのだ。

そのことを心底、思い知らされたのは王貞治さん（福岡ソフトバンクホークス取締役会長）からだ。

後輩の僕がこんなことを言うのは失礼だが、王さんは礼儀正しい。言葉づかいも丁寧。そして周囲の人への気づかい……。

王さんだけは「この人はすごい」と敬服した。王さんと「ハワイ名球会ゴルフ大会」で一緒に回ったときのことだ。

球界の大先輩であり、現役時代は本塁打数868本を打ったスーパースターだ。しかも、野球人は長幼の序を重んじる。僕が王さんのゴルフボールを拭いたり、王さんが打ったあとは、王さんのクラブを何本か持ってあとをついていくのは当然なのだ。ハワイのコースはキャディがいないので、キャディ代わりである。

ところが王さんは、

「いいんだよ、マサ、そんなことしなくても」

と僕を制し、自分でクラブを3本持って、打った球のところまで歩いていく。打ったあとは、もちろん自分で土を直す。

その所作が素晴らしいのだ。大先輩と回るときは、腫れものにさわるような気づかいをするのが当たり前で、まして名球会の新入り会員ともなれば、自分のプレーなど後回し。さっさと打って、大先輩のお世話をするためにスタンバイする。

ところが、王さんは自分のことは自分でやり、僕に迷惑をかけないよう気づかってくれる。あそこまで謙虚になれる人を、僕は初めて目の当たりにしたのである。

王さんと一緒に回るまで、僕は人間を神格化したことは1度もない。

どんなスーパースターであっても、酒も飲めば、ハメをはずすこともあるだろう。それが人間だ。

「あの人は素晴らしい」

と賞賛される人でも、人間はみんな同じだと僕は思っていた。

ところが王さんだけは違うのだ。

神格化されて当然の人がいることに驚きながら、「世界の王貞治」だから謙虚なのではなく、謙虚だから「世界の王貞治」になれたのではないか。そんなことを思い、やはり人格がいちばん大事なんだと改めて思った。

余談になるが、その人格者の王さんが福岡ダイエーホークスの監督だった1995年、「生卵事件」に遭遇している。この年、5月を迎えてホークスは9勝22敗とダントツの最下位。

怒ったホークスファンが、王監督と選手たちが乗るバスを取り囲み、生卵をフロントガラスに投げつけた。

投げられた卵は50個ほどで、バスが立ち往生したのである。

コースを一緒に回る王さんに、当時ニュースで見た王監督の姿を重ね合わせながら、どんな人格者であろうとも批難されるということに、勝負の世界の厳しさを噛みしめたのだった。

一般の会社もそうだと聞くが、野球界は技術論が先行して、先輩に対する礼儀や長幼の序といったものが置き去りにされつつあるように思う。誤解を怖れずに言えば、昔の野球部は軍隊式で、先輩が後輩を殴るのは当たり前。

しごきといったものがなければ強くなれなかった。

前に書いたように、僕は歴史書が好きでよく読むが、規律が厳しい軍隊のほうが強かった。現代の合理的な技術を、昔のやり方でやれば、うんと強いチームができるのではないかと思ったりもするのだ。

僕は18歳で社会に出て、先輩たちに行儀や挨拶の仕方を叱られながら仕込まれたが、社会人としてすごく役に立った。

しかし、いまは学校でさえ、そんな教育はできなくなった。先生がちょっと生徒の頭をこづいただけで、PTAやモンスターペアレンツが騒ぎ出す。僕たちの時代は「愛のムチ」は当たり前だった。体罰がいいと言うわけではないが、愛のムチは昔の教育のよさだったと思うのだ。

礼儀といえば、昔、こんなことがあった。

サッカーの柱谷幸一さんと麻布のスナックで行き会ったことがある。国士舘大学在学中より日本代表に選ばれたフォワードで、のち京都パープルサンガ等の監督を務めている人だが、柱谷さんが現役のころだから1992、3年頃。ちょうどJリーグが盛りあがり始めた頃だった。

柱谷さんが後輩を5、6人ほど連れて飲んでいた。面識はなかったが、柱谷さんのほうが年上だったので、僕たち野球選手5人が席を立って、

「柱谷さん、中日の山本です」

と頭をさげ、選手を一人ずつ紹介し、柱谷さんの後輩たちにも挨拶したが、彼らは連れの女子たちとぺちゃくちゃしゃべっていて、無視された。

しばらくして、柱谷さんが僕たちの席に来てくれて、

「すまんな。サッカー界は、そういう礼儀が疎《うと》くて。さっき挨拶に来てくれたとき、おまえたちしっかりしていて本当にうらやましい」

そんなことをおっしゃった。

きっと、柱谷さんが国士舘でやってらしたころは、そういうことには厳しかったのだろう。野球界は、サッカー界にくらべたら日本の古きよきものが残っているのかなと、これは身びいきで思うのである。

日本人は古来、礼儀正しくて、仕草が美しかったはずだ。

そして思慮深く、相手を思いやり、「惻隠《そくいん》の情《じょう》」があった。いいところは残していかなければいけない。

野球も欧米化しているが、日本野球のいいところは残していきたい。それは球界最年長の現役選手として、僕の役目だと思っている。

14
どん底にこそ、チャンスがある

不遇の時代に、どういう心構えで過ごすか。

ここが人生勝負だと思う。

くさるか、境遇を呪うか、発奮するか、それともギブアップするか。

だが「不遇」というやつは、心構え一つで飛びあがるためのジャンピングボードにもなる。

ルーキーの頃、戦力外通告におびえ続けてきた僕は、「5年が勝負」と自分に言い聞かせていた。

プロの世界は厳しい。「5年やって芽が出なかったら確実にクビになる」――そう思っていた。

そして、迎えた5年目。今季が最後のチャンスだと腹をくくって春期の沖縄キャンプに臨んだ。

そのころ僕の年俸は400万円。それに対して、ドラフト1位で入団してきた高校生の立浪和義は倍近くの700万円を超えていた。僕はそんな程度の選手で、いつクビになってもおかしくなかった。

だから5年目のキャンプは必死で練習した。それが星野監督に認められてか、オープン戦の開幕投手に指名されたのである。

オープン戦とはいえ、開幕投手なのだ。好投すれば一軍へのキップを手に入れることができるかもしれない。5年目にしてめぐってきた絶好のチャンスに、僕は奮い立った。

沖縄・宜野湾《ぎのわん》球場。対戦相手は大洋ホエールズ（現、横浜DeNAベイスターズ）。野球人生をかける覚悟でマウンドにあがった。

初回に5点取られて、あっさりKO。

（俺、これからどうなるんだろう）

そのことばかり考えていた。沖縄キャンプのあとフロリダのベロビーチでキャンプが予定されているが、連れてってはもらえないだろう。

一軍どころか、今季のオフは戦力外通告か……。そんなことを考えながらランニングを続けていると、マネジャーが車で迎えにきてくれた。宿舎に戻ると、そのまま星野監督の部屋へ出頭した。

「おまえ、今年はどうしたいんだ？」

星野監督に問われ、僕は身体を固くしながら、

「ここで頑張って、ベロビーチのキャンプでも頑張って、開幕の一軍に入れるようにしたいです」

といったようなことを言った。

「そうか、よしベロビーチには連れてってやる」

「ありがとうございます」

「その代わり、あっちにそのまま11月まで残っていろ」

「はッ？」

「おまえ、今年はあっちのリーグで投げろ」

「えッ！」

口答えできる相手じゃないので、僕は絶句するしかなかった。

アメリカリーグとは言っても、マイナーリーグのほうだ。しかも、１Ａ。メジャーリーグはメジャーを頂点に上から３Ａ、２Ａ、１Ａとなっているが、その１Ａにいろというのだ。

ドシャースと中日ドラゴンズは友好関係にあることから、前年から、若手の選手を何人か留学させていた。

要するに戦力外選手の「島流し」であった。

それでも、フロリダキャンプで頑張れば日本に連れて帰ってもらえると一縷の望みを託したが、それは叶わず、僕を含め5人の選手が置き去りにされたのだった。皮肉にも、「5年が勝負」と自分に言い聞かせた、まさにその5年目のことであった。

くさった。練習も手を抜いた。ランニングもしなかった。たとえその年に頑張っても、メジャーには昇格できないというアメリカの野球のシステムも理解できなかった。1シーズンマイナーにいても、別に給料があがるわけでもなく、何をやっていいのかわからない状態だったのだ。

いま振り返ってみて、30年の現役生活のなかで、あれほどやる気のなかった時期はなかったと思う。必死で練習してきただけに、反動で気持ちがプッツンと切れてしまったのである。

そんな僕がハッと目覚めるのは、開幕前にファンが主催してくれたホームパーティだった。選手一人ひとりがスピーチして、今年の抱負を語った。

何をしゃべっているか、アイク生原さん（ロサンジェルス・ドジャースのオーナー補佐兼国際担当）が通訳してくれるのだが、一つだけ僕でも聞き取れる言葉があった。

「チャンピオンシップ」だ。

選手の誰もが口にした。優勝する、優勝する、優勝する——と何十人が決意を語る。それを聞いていて、僕の野球魂が反応した。くさっている自分を恥じた。

（よし、11月まで、とことんやってやろうじゃないか）

そして、最後にスピーチに立った僕は、みんなと同じように「チャンピオンシップ」という言葉を口にした。

だが、発奮したからといって、すぐに結果が出るわけじゃない。「敗戦処理」からスタートだ。アメリカの先発ローテーションは、5、6回連続で失敗しないと変えないシステムになっている。

「こいつを使う」と決めたら徹底的に使う。

そのやり方がいいのか悪いのかはともかく、なかなかローテが回ってこないことになる。それでも僕は、もうくさることはなかった。辛抱して頑張っていれば必ずチャンスが来ると自分に言い聞かせ、黙々と敗戦処理を続けているうちに、チームのエースがケガで故障。

僕は先発ローテーション入りするのである。

それからは面白いように勝ち始めた。

7月のオールスターまでに8勝4敗という快進撃が認められ、8月下旬、半年ぶりに急遽、星野監督に呼び戻される。中日は巨人と優勝争いを演じており、「島流し」の僕が一軍のマウンドにあがったのである。

8月30日の広島戦に登板し、プロ入り初勝利。以後、5連勝。

ちなみに9月16日にはヤクルト戦で初完投、初完封をやってのけた。ドラゴンズは6年ぶりに優勝し、地元名古屋の熱狂的な中日ファンから、僕はまるで「救世主」のように賞賛されたのである。

いま、そんな25年前を振り返ると、あの留学が僕の大きな転機だったことがわかる。もしファン主催のパーティがなかったら、ふてくされたままでいたら、僕の野球人生は若くして終わっていただろう。

このときの経験から、不遇であろうとも辛抱し続け、チャンスが来るときに備えて、コツコツと準備をすることの大切さを学んだ。中日ドラゴンズから正式にクビを言いわたされるまで、僕は1Aで頑張り抜く覚悟でいた。出口が見えないトンネルであろうとも、果《か》敢《かん》に一歩を踏み出し、ひたすら歩いて行った結果が、最年長現役選手という栄誉につながったものと思っている。

風がなくても、いざ吹き始めたときのために帆は高く掲げておくべきだ。そして、その帆は自分自身で掲げるしかない。

風というチャンスは必ず吹く。一瞬の〝つむじ風〟を逃すか、つかまえるか。ここで人生は１８０度変わってくるのだ。

15 遊びも真剣に取り組む

人生のターニングポイントは「劇的」とは限らない。

当人がそうと気づかぬまま、そっとやってきて、あとで振り返ったときに、「もし、あのことがなければ」と思い返すもののようだ。言い換えれば、ターニングポイントをいかにつかみとり、チャンスへと転じていくか。

ここで、その後の人生は大きく変わっていくのだと思う。

だが、それがターニングポイントであるかどうかは、なかなかわからない。見分ける方法などないと思う。ただ一つ言えることは、身の周りで起こること——すなわち生活のすべてを、自分の仕事に結びつけて考えることだ。

そうすることによって意外な気づきや発見ができる。24時間、寝ても覚めても仕事のことを考え続ける人間だけが、ターニングポイントをつかむものと僕は考える。

唐突な話だが、僕はラジコンによって野球観が変わった。誇張でなく、ラジコンを楽しむことがなかったなら、おそらく200勝には到達していなかったろう。

1995年、僕は左ヒザを痛め、二軍でリハビリ生活を送っていた。入団12年目の30歳で、やっと81勝。「投手の寿命35歳説」が語られていた時代で、寿命まで投げさせてもらっても、あと5年、「名球会」など夢のまた夢で、通算100勝できれば上出来だと思っていた。

いや、正直言って、100勝どころか、35歳まで現役でやっていられるかどうかさえわからなかった。

左ヒザをケガしたので、練習らしいことはせず、リハビリに自転車をこいで終わり。二軍の練習は朝が早いので、9時過ぎには身体があく。

30歳のベテランだからコーチもとやかく言わない。

ヒマだ。家に帰って子どもと遊ぶのも悪くはないが、一日は長すぎる。パチンコの趣味はない。することがないのである。そんなとき、たまたま近くにラジコンのサーキットがあるのを知った。

ラジコンは、中学のときにお年玉で買ったことがある。楽しかったことを思い出し、軽い気持ちでサーキットをのぞいてみると、

「あ、山本さん、どうも！」

係の人間が僕の顔を知っていて、

「1台つけましょうか？」

とVIP扱いされたのである。

実際に走らせてみたら、これが面白いのなんの。たちまち夢中になった。本格的なラジコンはパーツを買って自分で一つひとつ組み立てていくのだが、とりあえずは3万円あればそろえられるという。

こうして僕はラジコンを始めることになった。

何事もやり始めたらしつこい質なので、のめりこんでいったが、所詮、初心者。コースの壁にぶつけてばかり。それがまた悔しくて、若いコたちに「どうやればいいの？」と尋

ねたりもした。

気さくにアドバイスしてくれるし、彼らはパーツをあらかじめ買って持ってきているので、修理もしてくれる。

「じゃ、晩飯おごるわ」

といった感じで、仲よくなっていった。

だけど彼らとラジコンを走らせると、わずか3分くらいで1周遅れにされてしまう。あとで聞けば、彼らはラジコン全日本大会の上位連中だから、大差がつくのは当然だが、負けず嫌いの僕は悔しかった。

指先を使ってリモコンを操作するだけなのに、どうして大差がついてしまうのか。

そう思って観察していたら、秘訣がわかった。ノートだ。彼らは詳細なラジコンノートをつけているのだ。車高が何ミリのときに走行がどうだったとか、バネの強さがどうだ、リバウンドいくつだ、気温や天候はどうだったと、すべて克明に記録をとっている。車高ゲージで、コンマ5ミリくらいまで測る。

（すげえな、こいつら）

舌をまく思いだった。

と、そのとき、ふと思った。

（なんで彼らは、こんな一生懸命にやるんだろう。趣味なのに）

それにくらべて自分はどうだ。野球は趣味じゃない、職業だ。報酬をもらってプレーしている。しかも、世間とくらべればかなりの高額だ。

（俺、野球をそんな一生懸命にやっているか？　俺らは1億円ももらっているのに、こいつらの作業は1円にもなっていない。こんなことじゃいけない）

野球は「才能勝負」のような考え方をされがちだが、そうじゃないんじゃないか。ラジコンのように、いろいろなところを追求していけば、もっともっとよくなっていくんじゃないか——そう閃いたのである。

ちょうどそんな時期に「初動負荷理論」を創案された「ワールドウィングエンタープライズ」の小山裕史先生と出会うのである。

小山先生は身体の動きについてすごくくわしく、僕は投球というものに対して、メカニック的なことを勉強し始めることになる。それから17年、さらに132勝を積み上げ、47歳で通算213勝となる。

もし、ラジコンと出合わなかったら、いや、仕事でもないのに懸命にラジコンのデータを書き込む若者たちのことを笑っていたら、いまの僕はなかったろう。

「もうちょっと曲げたいんだけど」

「こうやったら曲がるようになります。でも、やりすぎるとスピンしますよ」

こうして、一つずつ若者たちに教わり、自分で実際に試し、納得することで僕はラジコンの腕をあげていくのだが、それと同じ方法論で投球というものにとり組んだのである。ついでながら、ラジコンの腕前は3年ほどで全日本クラスの若者と張り合えるようになった。

プロ野球選手という立場もあり、ラジコンの全日本選手権に出場するのはどうかという思いもあったが、２００２年に初めてアマチュアクラスにエントリーした。そのときは12位とイマイチだったが、翌年は中京地区予選のチャンピオンとして出場し、4位に入った。各地区の予選を勝ちあがった１８０人中でこの成績は、我ながらよくやったと自負している。

僕が２００勝をあげたとき、ラジコン仲間がお祝いにラジコン大会を開催してくれた。

２００勝を達成するまではと、前年のオフから「ラジコン断ち」をしていた僕は、存分にレースを楽しんだ。

16 運は必ず来る

ナゴヤドームで登板する日は早めに家を出て、必ず高木時夫さんの墓にお参りしてから球場入りする。3週続けてナゴヤドームで登板するときは、花が枯れないでずっと咲いている。

お墓からナゴヤドームが見えるので、高木さんが応援してくれているような気がするのだ。

高木時夫さんは、僕を指名してくださった中日ドラゴンズのスカウトマンだ。日大藤沢高校野球部の香椎監督の教え子で、日大のOB。香椎監督も高木さんもすでに鬼籍に入られたので確かめようがないのだが、僕の才能と可能性を認めてくださった香椎瑞穂監督が高木スカウトに連絡したからこそ、中日ドラゴンズの指名があったのではなかったかと、僕は勝手に想像している。

いきさつはどうあれ、高木さんのスカウトがなかったら100パーセント、僕はプロ野球とは無縁だった。予定どおり日大に進学し、学校の教師になっていただろう。

そういう意味で、高木さんは僕の人生を変えた恩人でもあり、この人がいなかったら、いまの僕はいない。

高木さんだけでなく、いろんな人に支えていただいたからこそ、今日まで何とか頑張ってこれた。その恩を忘れず、いつまでも感謝の念を失わないことは人間として当然のことだが、視点を変えると、また違ったものが見えてくる。

「期待に応えたい」

という気持ちが、自分を向上させる大きな原動力の一つになっているのだ。

人間である以上、打算というものを僕は否定しないが、人を踏み台にしたり、恩人に対して後足で砂をかけるような人は、当然ながら「期待に応えたい」というモチベーションは生まれない。

そんなモチベーションの低い人は、結局、あと一歩の努力ができないのではないか。

最近、そんなことを考えるのである。

「おまえならプロでやっていける」

と言って僕の背中を押してくださった香椎監督は、かつて日大野球部監督時代、16シーズンで8度のリーグ優勝を果たし、日大の黄金時代を築いた。

その後、系列の日大桜ヶ丘高校に転身され、72年のセンバツを制するなど名監督として知られる。

香椎監督は退任される前年、体調を崩して入院されていた。僕がドラゴンズに入団して3年目。芽が出ず、戦力外通告におびえていたころで、都内の病院にお見舞いに行くと、

「おまえはこんなもんじゃない。まだ努力が足りないんだ」

ベッドに正座した香椎監督に一喝された。

あとで奥様に教えていただいたのだが、監督は体調が悪く、「もうそろそろ戦友が迎えにくる」と、うわごとのようにおっしゃるほどだったそうだ。

それが、山本昌が見舞いに来るというので、僕が訪ねる少し前、突然、起きあがってベッドの上に正座されたのだという。

多くの恩人に恵まれたなかで、感謝してもしきれないのが、アイク生原さんだ。

この人がいなかったら、僕はアメリカへ「島流し」にされたまま、芽が出なかったに違いない。

本名、生原昭宏。早大を卒業後、亜細亜大学野球部監督を経て渡米。ロサンゼルス・ドジャースのマイナーチームの用具係から叩き上げ、ピーター・オマリー会長の補佐役とな

る。

日米野球の架け橋として尽力され、２００２年、特別表彰で日本の野球殿堂入りを果たしている。

25年前、マイナーリーグに「島流し」にされたとき、アイクさんが僕を励ましてくれた。登板した翌日は1球1球「このボールがよかった」「このボールが駄目だった」とスコアブックに付箋を貼り付け、封筒に入れてロッカーに置いておいてくれた。

僕の記事がベロビーチの新聞に載ると、切り抜いてロッカーに置いてくれたりもした。夜を徹して野球の話をしてくれたこともある。本当に情熱の人だった。

最後の最後まで勝負を捨ててはならない――ということを教えてくれたのもアイクさんだ。

前項で書いたように、ファン主催のホームパーティがきっかけで一念発起し、調子が出てきたころのこと。

カージナルス傘下の１Ａチームとの試合で延長10回、僕はリリーフでマウンドにあがるのだが、15回にノーアウト満塁という大ピンチを迎えた。敵地のゲームなので、四球かヒット１本でサヨナラ負けだ。

アイクさんとピッチングコーチがマウンドにやってきたので、

「すみません」

と言って僕が謝ると、

「まだ終わってない！」

アイクさんに叱りつけられた。それで目が覚めた。

いまでも覚えているが、次のバッターを三振に取って、その次がファーストフライ、そしてセンターフライ。3者を打ち取り、さらに18回まで9イニングを無失点で投げることができた。向こうの野球は引き分けがないので、この試合はサスペンデットゲームになったが、

「勝負はゲームセットまであきらめてはならない」

という勝負哲学を、身をもって学んだゲームだった。

1992年10月26日、アイクさんは亡くなる。

僕はこのシーズン、2度目の二桁勝利をあげるのだが、11勝目のウイニングボールをアイクさんの棺に納め、号泣した。そして2008年8月4日、巨人戦で完投勝利して僕は200勝を達成。1泊3日で渡米し、アイクさんの墓前に報告した。

墓前で手を合わせていると、「ヤマ！」と呼ぶアイクさんの弾む声が聞こえるような気がした。

エースの故障で、僕が敗戦処理からローテーション入りすることを伝えてくれたのが、アイクさんだった。

「ヤマ！　シューメーカン監督が、今度からおまえをローテーションで使うと言っているぞ！　これからヤマが投げるときは楽しみで寝れないよ」

嬉しそうに言ってくれたことを、いまでも覚えている。

恩人に感謝し、恩に応えようとして頑張った結果が、いつのまにか現役選手生活30年になっていた。

こうした恩人たちとの出会いや人脈は、自分で創りだそうと思ってもなかなかできることではない。

そこには、運が必ずある。

運はどこからやってくるのかといえば、それは「普段の行い」につきる。それだけのことだ。

僕は、子どもの頃からやってきた。ありふれたことのように思われるかもしれないが、運とは自分でたぐり寄せるものではなく、普段から正しいと思うことをやり続けることによって向こうからやってくるものなのである。

自分には才能がない、ごく普通の人間だと思っている。

世の中の大多数がそうだと思う。そんな普通の人間でも、普段の行いをちゃんとしていれば、運は必ずやってくる。

僕には野球の神様、ビジネスマンの皆さんには仕事の神様がやってくるはずだ。

17 努力は絶対に裏切らない

プロ野球選手の誰もがあこがれるのが、「プロ野球名球会」に入ることだと思う。

入会資格は、日米通算で打者が2000本安打以上、投手が200勝以上もしくは250セーブ以上となっている。

発足は1978年。会員数は2012年現在で、52名。資料によれば発足時が18名ということだから、以後の入会選手は34年間でわずかに34人。年間一人平均ということになる。

この数字からして、2000本安打、200勝、250セーブをあげることが、どれほど困難なことかおわかりいただけるだろう。「プロ野球選手が誰でもあこがれる」と書いたが、実は僕にはあこがれはなかった。

自分には無縁のものと最初からあきらめていたからだ。無名の僕がプロ野球選手になれたということは、サラリーマン社会で言えば、劣等生がまぐれで一流企業へ潜り込んだようなもの。

錚々《そうそう》たるエリートぞろいの会社にいて、「俺は将来、役員になる」とは思わないはずだ。役員どころか、クビにならずに定年まで勤めさせてもらえるかどうか、そっちのほうが心配になる。それと同じ心境だと思っていただければいいだろう。

投手にとって「200勝」というのは「怪物」のすることだと、思っていた。100勝をあげ、150勝をあげることができても、この思いは変わらなかった。

それだけに、191勝を超えたあたりから、ものすごいプレッシャーがのしかかってきた。

落ちこぼれ社員が、もぞもぞ仕事をしているうちに課長になり、部長になり、役員の椅子が目前になったようなものだ。

2006年のシーズンは史上最年長のノーヒッターとなって、191勝。

周囲が注目し始める。

期待もされる。

「よし、あと9勝！」

と奮起するどころの騒ぎじゃない。悲壮感だ。ここまできて200勝が達成できなかったらどうしようと、そのことが頭から離れなくなった。

そして迎えた2007年。2勝10敗という惨憺《さんたん》たる成績でシーズンを終えた。わずか二勝というのは1995年以来だから、11年ぶりの不振だった。

これが、どこか故障していたというなら救いがある。95年のときは左ヒザを痛め、満足に登板もできなかった。

この年、ワールドウィングの小山裕史先生を訪ね、一縷の望みを託してフォームを変えた。

ところが2007年は、体調は万全だった。

身体の調子がいいにもかかわらず、負け続け、2勝しかできなかったのだ。

これはショックだった。

この2勝を加えて通算193勝。200勝まであと7勝だ。もし来シーズンも2勝程度しかあげられなかったら、引退しなければならないと覚悟した。そのとき42歳。

「マサ、もういいだろう。おまえはよく頑張った」

そう告げられてもおかしくない年齢であり、成績だったが、球団は契約を更改してくれた。球団の配慮に感謝しつつ、もう後がない。

文字どおり背水の陣であった。

好調時のビデオをとり寄せ、フォームを徹底的にチェックした。鳥取のワールドウィングに小山先生を何度も訪ねた。

「マサ君、今年は人生最速だよ」

そうおっしゃってくださった小山先生の言葉を、いまも忘れない。

順調な仕上がりに、球速がアップしていることを、自分でも実感するほどだった。

そして、重圧のなかで迎えた2008年のシーズン。5月7日、広島戦で6回を2安打無失点5三振に抑え、シーズン初勝利したあと、5連勝。

8月4日、ナゴヤドームで行われた巨人戦で完投勝利し、プロ野球史上24人目となる通算200勝を達成できたのである。

文字に書けばこれだけのことだが、残り7勝は途方もなく長く感じられた。

1勝をあげるということが、どれほど大変であるか思い知らされた。僕にとって、このときの1勝の重みというのは、まさに人生の重さそのものであったと思う。

球団の配慮と、ファンの励ましに支えられて、僕は200勝を達成できた。

名球会に名を連ねられたことはプロ野球選手として最高の栄誉だが、それにも増して、200勝という重圧を経験し、それを乗り越えられたことは、僕にとって得がたい人生の財産だと思う。

「努力は裏切らない」——この言葉を、いま僕は確信を持って言えるのだ。

第3章

変わる

18 恩義と感謝を忘れない

努力、恩義、夢、忍耐、感謝――。

信条は何かと聞かれたら、僕はこの五つをあげる。

もちろん手を抜くこともあれば、そうと自分では気がつかないまま、人さまに迷惑をかけていることもあるだろう。

感謝しているつもりでいても、そう思ってくれない人もいると思う。未熟な僕が信条を口にするなどおこがましい限りだが、「そうありたい」という気持ちで野球人生を送ってきたことに偽りはない。

この信条のなかで「努力」「夢」「忍耐」の三つは自分を奮い立たせるものだが、「恩義」と「感謝」の二つはお世話になった方々に対する僕の一方的な思いだ。

古い人間だと言われればそうかもしれない。

現代は「法律に触れなければ何をやっても許される」という価値観の時代だ。「費用対効果」という言葉がよく用いられるが、これを人間関係に用いれば「ギブ・アンド・テイク」ということになる。

それが悪いと言うのではない。

「無償の愛」などとノンキなことを言っていれば、冷飯を食わされるのがいまの時代だ。「勝てば官軍」という言葉があるが、人を蹴落とそうが、恩人に後足で砂をかけようが、出世した者、稼いだ者が勝ちとされる。だが、それでも僕は恩義と感謝を忘れない人間でありたいと願っている。

実際それを貫いたのが1997年、僕がFA（フリーエージェント＝自由に移籍する権利を持つ選手）になったときだった。

周知のように、FAになると所属チームとの契約を解消し、他チームと自由に契約できる。選手にとって大きな意味を持つ権利制度だ。このシーズン、僕は初の開幕投手をまかされ、18勝をあげて3度目の最多勝、そして初の最多奪三振のタイトルを手にしたが、ドラゴンズは最下位と低迷した。

自分で言うのも何だが、個人的には大活躍してのFAであった。

だからスポーツメディアにオフの目玉にされた。東京スポーツが一面で「巨人が年俸3億円を提示」といった記事を掲載したものだから、実際はそういうことはなかったのだが騒ぎはますます大きくなっていった。

最後の遠征になるヤクルト戦を神宮球場で終えて名古屋に帰ると、住まいの玄関前に記者とカメラマンが待機していた。そんな取材攻勢が毎日続いて、僕としては気分は悪くない。

ドラゴンズを出るつもりは毛頭なかったのでしばらく〝騒ぎ〟を楽しむことにして、「じっくり考えます」といった意味のことを記者に話した。

翌日、僕の発言がスポーツ紙に掲載される。

（おっ、書いとるな）

とニヤニヤしながら裏面をめくって、僕の笑顔は凍りついた。

「わしは、そういう教育をしとらん」

ドラゴンズの星野監督のコメントが載っていたのである。僕のＦＡ問題について問われての発言で、「ヤマが出ていくわけがないだろう。そういう教育をあいつにした覚えはない」――という意味だ。

（ヤバイ！）

咄嗟に思った。星野監督の鉄拳と怒声で育てられた僕は、「星野」という名前を耳にするだけで心臓が早鐘を打つ。

その星野監督が「そういう教育をしとらん」と一喝しているのだ。「じっくり考えます」なんてノンキな僕の発言に対して怒っているに違いない。焦った僕は、すぐに球団に電話して、

「早く契約しましょう、キャンプ前に契約しますから条件を考えてください」

と伝えたのである。

その時の契約は、3000万円アップの1億8000万円。その年は最多勝だったから、FAをしていれば倍増していたかもしれない。

プロ野球選手である限り、自分に対してお金で評価されることには意味がある。プロ野球におけるFAは、ビジネスの世界に例えればヘッドハンティングされて給料が倍になるキャリアアップを意味する。

しかし、僕の力だけでなく、星野監督に見いだされ、アメリカに送っていただいてアイクさんに出会い、いろいろなコーチ、トレーナーに世話になったのだから残るのは当然のことであり、球団を出るという選択肢は最初からないと自分で決めていた。

それだけ、中日ドラゴンズという球団にお世話になったし、僕が退いたほうがいいのか

なとふと頭をよぎっても「まだ続けていいよ」と後押ししてくれる。

いまはFA制度が定着し、選手の移動が激しくなった分、選手への大量の戦力外通告が当たり前のようになった。

選手と球団との結びつきが弱くなったせいか、数年で結果が出なければベテラン選手であっても簡単にクビにされる。

しかし、中日ドラゴンズは辞めた選手に対しても、何かしらの仕事を用意してくれる。名古屋という面倒見のいい土地柄のおかげでもあるのかもしれないが、僕が30年間もドラゴンズという職場で働き続けられたのは、ふとした縁がもたらしたものとはいえ、そうした信頼関係の上で成り立っていたのだと思う。

FAは選手の正当な権利なのだから、行使することに躊躇する必要はない。選手が不要になれば、球団は解雇する。

それがプロの世界だ。

ならば選手もドライに割り切ってFAを行使するべきだ――という考え方を、僕は否定しない。

ただ、ギブ・アンド・テイクという処し方が、僕にはなじまないのだ。恩義はギブ・アンド・テイクではなく、受けた人間が一方的に感じるもの。

恩義ある球団から戦力外通告を受けたからといって、これまでの恩義は決して消えるものではない。

僕には、そういう思いがあるのだ。「選手の権利」ということを考えれば、僕は選手の足を引っ張るようなことを書いているのかもしれない。でも、それが僕の性分なのである。

一般企業はヘッドハンティングが盛んだと聞く。高い給料で引き抜かれることをステップアップとか、キャリアを積むという言い方をしている。

有能だからハンティングされるのであって、これは勲章でもある。

だが、それまで勤めていた会社で仕込まれ、仕事を教わったのだとしたら、給料の多寡やポストだけで転職していくのはどうだろう。僕なら、世話になった会社で、より能力を発揮したいと考えるに違いない。

僕がドラゴンズの一員だから言うわけではないが、FAの権利を得たときも、そしていまも、いいチームだと思っている。

なぜかというと、僕が入団したとき、プロ野球選手の最低年棒は240万円と決められていた。

だから、僕と同じ高卒ルーキーで他球団に入った者は、ドラフト上位をのぞいて、みんな２４０万円。しかしドラゴンズは、月給にして10万円多く、年俸３６０万円をくれていた。

それだけ選手のことを思ってくれている。選手を使い捨てにする球団があるなかで、ドラゴンズは辞めていく選手に次の仕事を用意してくれていた。僕がＦＡに見向きもしなかったのは、育ててくれた監督やコーチへの恩義と、そして球団のこうした姿勢によったのである。

そんな僕のドラゴンズへの思いが、まわりまわって、いまこうして長く現役選手をやれていることにつながっているのかもしれない。もし、あのＦＡの年の契約更改で、「いくらなんでも少なすぎますよ」と強硬に主張していたなら、年俸はもっとあがっただろうと思う。

だがその代償として、もっと早くに引退していたのではないだろうか。人生とは、そういうものだ。僕の五つの信条に「恩義」と「感謝」が入っているのは、そういう思いが込められているのだ。

19 「引き出し」が勝負だ

野球担当のベテラン新聞記者と雑談をしていて、「引き出し」ということが話題になったことがある。「引き出し」といっても、机の引き出しではない。培ってきた経験や知識、スキルといったことだ。

「野球に精通しているのは当然だが、それだけではいい記事は書けない」

とベテラン記者は言った。

たとえば、読者を引き込む人物記事は、人間に対する深い洞察力、あるいは経験に裏打ちされた確固たる人生観などがあって初めて書けるといった意味のことを言った。要するに人生経験や勉強など、「引き出し」をたくさん持つことが記者は大事だというわけだ。

この話を聞きながら、

（ピッチャーと同じだな）

と思った。

いや、すべての仕事に通じるのではないか。

ピッチャーの転換期は、だいたい32、3歳だ。加齢と酷使とで肩が衰えてくるからだ。そこで、速球派でやってきた投手が軟投派に方向転換し、楽に投げようとすると失敗する。変えては駄目なのだ。

速球派は、速球派のなかで自分を追求していかなければならない。球のスピードが、たとえ10キロ遅くなったとしても、やはりキレで勝負するくらいの気迫がないと落後していくのだ。

ちょっと考えてみていただきたい。ストライクがいちばん入りやすい球は何だと思うだろうか？

ストレートだ。

フォークやカーブを見ればわかるように、すっぽ抜けたら暴投になってしまう。

いい例が、ボールを使ったストラックアウト（的抜きゲーム）だ。ボールを投げて9個のボードを射抜くゲームで、テレビの余興でご存じだと思うが、このとき変化球を投げる人はいない。

全員がストレート――真っ直ぐを放る。それだけストレートは、コントロールしやすいというわけだ。

だから、とにかく野球はストレート。ストライクをとれるストレートに、カーブなど変化球を混ぜ、配球を組み立てていく。

この変化球が「引き出し」ということになる。

二軍でしか勝てないような若いピッチャーは、不利なカウントになったときにストレートかスライダーしか投げることができない。だから勝てない。スライダーは、よほど特別なものでなければ、ストレートと同じタイミングで打てるからだ。勝てるピッチャーはカーブやフォークを放る。不利なカウントで、投げる球種をどれだけ持っているか。ここで勝てる投手と、そうでない投手は決まっていく。そして、テレビで野球中継を見ていればわかるように、しょっちゅう不利なカウントになってしまう。

そこで10人のバッターのうち2人に打たれるか、3人に打たれるか。たった一人の差が勝敗に大きく影響してくるのである。

しかし、若い投手はこのことに気がつかない。もし将来、若い彼らを指導する立場にでもなれたら、こう言ってやりたい。

「おまえら、このヒット1本がどれだけ大きな意味を持つか、わかっているか。この1本を打たれないために頑張るんだ。不利なカウントで、どんな変化球を放れるか。それが投手の引き出しだぞ」

自分で言うのは気が引けるが、僕はノーツーでも選択肢が多い。スクリューボールという決め球も持っている。スローカーブも自信の一球だ。こうした投球術を駆使したことによって213勝をあげられたのだと確信を持って言える。

サラリーマンだって「引き出し」が勝負ではないだろうか。僕もいろんな方々とおつきあいがあるが、たとえば信頼のおけるクルマ屋の社長は、クルマに関してエキスパートであるのはもちろんだが、クルマ以外のことにも博識で、人間的魅力にあふれている。だから全幅の信頼を置いている。

人格もまた重要なスキルということなのである。

よく、若い人からアドバイスを求められることがあるが、いまの若い選手は、意外としっかりしているから、必要以上に僕が言うことはないと思っている。知識も、技術レベルもあがっている。

レベルが高い子は辞めない。

しっかりとやり続ける。だから、いまの気持ちを忘れず最後まで頑張って続けてほしい。

いまの子たちは情報もしっかり収集している。これはパソコンなどで収集しているからかもしれない。

壁にぶち当たっても、それを乗り越えるためにいろいろなシミュレーションを重ねているように思う。だから、技術面で言えば30年前の倍以上だと思う。

あとは、自分がやる！　と決めたことを絶対にやりぬいていくこと。

三日坊主の原理というものがある。たいていの人は、多くの宿題を1日で終わらせようとする。しかしあまりにも多くて1日で終わらせることができないから翌日に回す。それでも翌日は翌日で次々とやることが増えてくるので、次の日もできなくなる。だから三日坊主になる。

ここでも、継続する力があることがポイントだ。

もうちょっとやってみようと思うことが重要である。

少しの努力でも毎日やり続けることだ。僕はそれをやり続けているから成果を残せているのだと思う。

僕は歴史が大好きだ。

とりわけ中国史に引かれる。だから、よく読む。寝る前に本を読むのが習慣になっていて、何かしら読まなければ眠れない。これは飲んで帰っても同じで、夜中の3時頃まで本を開いている。「人間としての幅を広げるため」などと言えばカッコつけになるが、要するに中国史のスケール観が好きなのだ。

項羽《こうう》と劉邦《りゅうほう》が戦った時代は、ご承知のように双方100万人の大軍がぶつかっている。日本の天下分け目であった関ヶ原の合戦が8万人対10万人の軍勢。

ところが中国では紀元前――人口が2000万人とも言われた時代に100万人対100万人が戦でぶつかる。このスケールがワクワクしてくるのだ。

中国史の本は漫画でも読む。横山光輝さんの『項羽と劉邦』『三国志』など全部持っているし、『三国志』は全60巻、これを10回以上は読み返しているので、登場人物を下の方の武将の名前まで全部覚えてしまった。

実を言うと、僕は小さいころから「自分は腰抜けだ」という思いが、どこかにあった。野球少年時代から誰よりも努力しながらも、日の当たる道を歩いてこれなかったからかもしれない。

それが中国古典のスケールの大きな物語を読むと、ものの考え方、そして自分という人間もスケールが大きくなっていくような気がするのだ。

こうした知識が役に立つか立たないか、そんなことはどうでもいい。ただ、試合中、小さなことに一喜一憂しなくなってきたように自分では感じている。僕にとって本を読むこともまた、投手としての「引き出し」の一つになっていることは確かなようである。

20 イメージでメンタル習慣をつくる

僕の直球は130キロちょっとだ。

ちっとも速くない。

でもこれが僕の投球術の生命線となっている。これがあるから得意のカーブ、スライダー、スクリューボールが生きてくる。

今日は調子がいいな、という日は、どのコースにいったら空振り、とまではいかないもののファウルにさせられる、と思って投げている。俺の直球は打たれないと思い込むことによってメンタルを強くして、自信につなげている。

そういうときは、たいてい速球派の投手のつもりでいる。

だから多い時は全投球数の6割以上を真っ直ぐで押す。僕に対して各球団の打者は変化球の印象が強いから、速く感じるのかもしれない。

僕はストレートに対しこんなイメージを持っている。

高校時代、投げているときに、こんな感じのストレートを追いかけていきたいと思った瞬間があった。真上から投げ下ろして、ホップするようなきれいな縦回転のストレートボールだ。

プロに入ってからもおなじようなイメージで投げることを続けた。僕ほど縦の回転のストレートにこだわるピッチャーはいないだろう。

2012年から統一球がアメリカと同じように滑りやすいボールになった。そもそもスクリューは、ボールが滑る方が大きく曲がる。僕はこのスクリューを25年以上も前にアメリカで習得して成功した。

となると、あの頃と同じような投げ方に戻すともっと曲がり、打ちにくくなるはずだ。そう言い聞かせ、自分に暗示をかけた。

当時の記憶を呼び戻し、ズレを修復して整理しながらあの時代の投げ方に近づいていった。

スクリューの握りを深くしたり、カーブもギュッと強く握るようにして、ひねる角度も変えてみた。

そうしたら、少しずつだけど驚くほどよくなってきた。

これは進化したのではなく、昔の引き出しを開けることによってよく曲がっていた時代のイメージを得ることができたメンタル成功例の一つでもある。

僕は、往生際が悪い。フォームを変えたらまだまだ現役でいけると真剣に考えている。だから毎年少しずつフォームを変えている。

フォームを改良することによって、踏み出す右足の幅も変わった。

ここ十何年かは6歩半くらいだったが、再起を賭けた2012年から6歩と3分の2くらいまで広げた。この分、前でボールが離れるようになり、以前より身体がラインに入りやすくなった。

僕が言うラインとは、インコース、真ん中、アウトコースのことで、そこに身体を細くして滑りこませるようなイメージを持っている。

そこに入ってしまえば、ただ腕を振るだけで、たいていイメージしたコースに行ってくれる。

フォーム改良、もっと曲がるボールを追求し、これに磨きをかけてやれたのも、ともすればネガティブにとられがちな「往生際の悪さ」をポジティブにとらえ、しつこく現役続行にこだわった理由からだ。

21 変えていいもの、いけないもの

これまで折に触れ、フォームを変えたことについて話してきた。ワールドウィングの小山裕史先生のアドバイスでフォームを変えたことが、その後の僕の活躍につながった。

だが、フォームが変わったといっても、どこが変わったのか一般の人にはわからないだろう。上から投げていたのが横に変わったというのなら一目瞭然だが、踏み込んだ足の位置がほんの数センチ違うとか、そんな程度だ。

だから、知らず知らずのうちにフォームは微妙に変化していく。

意識して変えた場合は別だが、そうでなければ、フォームの変化に当のピッチャーが気がつかないこともある。「このフォーム、変えられないっスよ」と若手が言ったりするが、それは思い込みにすぎない。

僕がそうだった。年度別に自分が投げているフォームをチェックしてみると、全部が違っている。

初めて最多勝をとった1993年と、3度目の最多勝をとった97年はともに好投したシーズンだが、それでもフォームは、僕の目から見るとまるっきり別のものになっていた。単に、僕がそうと気がつかなかっただけなのだ。

たとえて言えば、夫婦は毎日顔を合わせているため、お互いの変化に気づかないもので、昔の写真を引っ張り出して見て、

「おまえ、太ったな」

と感嘆するようなものである。

僕のフォームが年度ごとに微妙に変わった理由は、小山先生によると「癖」が原因だと。「癖」とその「定着」も神経と筋肉の反応であるという。

キャンプで癖がついてしまうのだ。自分ではそうは思っていないのだが、背中がちょっと曲がるとか、投げ込んでいるうちに癖が勝手についてしまうというわけである。このことを小山先生から教わり、癖まかせにしていたフォームを正しいものに変えていくことにした。

これが、僕がフォームを変えた理由であり、したがって変えることへのこだわりも心配もなかったのである。

こうした経験から、サラリーマンも、本人がそうと気がつかないだけで、「仕事のフォーム」は少しずつ変化していっているはずだ。フレッシュマンだった頃を振り返り、いまの自分に重ねてみれば、いかに自分が変わっていったかわかることだろう。

いい方に変わっていればよし、もし妙な癖がついていたら、それは早いうちに直したほうがいいと思う。余計なお世話かもしれないが、どんな職業であれ、現役で長く活躍しようとするなら、仕事のやり方や人間関係など「仕事のフォーム」を時折チェックし、よりよいフォームをつくっていくことが何より大事だと考える。

言葉を換えれば、我が身の短所を反省し、長所に変えていくということになるだろうか。

ただし、このことは強く言っておきたいのだが、フォームを直す場合、絶対にいじってはいけない部分がある。

たとえばピッチャーの場合、投げる側の腕は直してかまわないが、反対側は絶対にいじってはいけない。

僕のようにサウスポーであれば、右の腕や体側をいう。反対側を「壁」と僕は呼ぶのだが、壁は放るときのタイミングに影響してくるからだ。

投げるほうの手の位置や角度は何度でも変えてかまわないが、壁を変えてしまうとフォームがガタガタになってしまう。

放るほうの腕を「家」とするなら、壁は家を支える「土台」と思っていただければいいだろう。

壁がしっかりしていると、狙ったラインに乗れる。オーバースローだろうが、サイドスローだろうが、投げる腕は関係ない。

いわば、ピンポイントを狙って射つ水鉄砲のイメージだ。

これが散弾銃だと、ピンポイントというわけにはいかない。

イメージの世界なので、このたとえでわかっていただけるかどうかわからないが、僕はしっかり壁をつくり、一点必中を期す水鉄砲のイメージで投げているのだ。

ところがフォームの改造でコーチに「壁」をいじられたり、「壁」に影響が及ぶような指導をされると、身体がラインに入らなくなってしまう。

投げる腕はいくら変えてもいいが、土台である反対側の「壁」は、だから変えてはいけないというわけだ。

サラリーマンも人それぞれ、仕事において土台があるはずだ。その土台は経験であったり、スキルであったり、人や職種によって違うだろう。大切なことは、仕事のやり方において「変えていいもの」と「変えてはいけないもの」とを峻別し、そこにこだわり続けることだ、と僕は考えるのだ。

22 試す心

「現役で長くやってきた秘訣は？」

こんな質問を取材でよくされる。

2004年にドラゴンズの最多勝利を更新してから特にそうだ。47歳という球界最年長の現役投手ということであれば、秘訣を質問したくもなるだろう。

中年野球ファンから頂戴するファンレターも同様で、「同世代として励みにしております」というありがたいメッセージに加えて、

「元気の秘訣があれば教えてください」

といった質問が添えられていたりする。健康ブームと言われて久しいが、依然として健康に対する関心の高さには驚かされてしまう。

野球選手は技術云々の前に、まず健康でなければならない。球界一の剛速球の持ち主で

あっても、ケガで故障したのではマウンドに立つことすらできない。

ケガの回復が見こめなければ、戦力外通告ということにもなってしまうだろう。だから野球選手として現役を続けているということは、しかるべき健康法があるに違いない――ということになる。

期待を裏切るようで申しわけないが、これといった健康法はやっていない。晩酌だって毎晩だ。食べるものだって、好きなものを食べている。京都・大阪に入れば、ミシュラン三ツ星の店に出かけていく。

なかなか予約がとれないものだが、数日前からあっちこっち電話しているうちに、ひょいと取れたり。寺社見物を兼ね、喜び勇んで出かけていく。食生活で特別なことは何もしていない。

ただ、これは先天的なものだが、身体は丈夫。いや、鈍感にできているようだ。たとえば、僕と岩瀬（仁紀、投手）が同じマッサージを、同じ時間だけやってもらったときのこと。岩瀬は揉み返しがきて頭痛がすると顔をしかめていたが、僕は平気だったし、蚊に刺されても痒くならない。

刺されてふくれるのは、夏にせいぜい3回あるかないかくらい。

だから半袖短パンでいても、蚊のことはまったく気にならない。刺されているのだろうが、身体が鈍感だから反応しない。疲労ということに対しても、僕は鈍感だと思っている。その反動かもしれないが、鈍感だという自覚があるので体調には敏感になっている。ことに内臓に関してはそうで、ちょっとでもおかしいと思えば、先制攻撃ですぐにメディカルチェックをする。

それと、体重チェックは欠かさないようにしている。

寿司も焼肉も大好きでよく食べに行くが、健康のバロメーターとして体重には気を配っている。常に体重計に乗って、500グラム太ったとわかれば、「今日は米を食べるのをやめよう」と決める。

体重の変化というのは、健康の根本だ。

それだけをしっかり管理しておけば、何を食べてもいいと思っている。「この食品は栄養がいっぱいだから身体にいい」とか、「これは身体に悪いから絶対に食べてはいけない」という決まりはつくらないようにしている。

ちなみに、健康サプリメントは一度も用いたことがない。

テレビをつければ健康サプリのオンパレードだけど、なぜかそういうものに頼ろうという気が起きてこない。健康サプリを否定するわけじゃなく、これは気分の問題なのだろう。食べ物について言えば、昔は試合前、炭水化物で食べていいのは、うどんとそばだけ。米は禁止だった。

コーラも駄目で、お茶と水しか飲んではいけなかった。いまは米も少しはとるようになったし、飲み物もスポーツドリンクを飲むようになった。

水泳は肩を冷やすというので禁止だったが、スポーツ医学の進歩によるものだろうが、いまは登板したあとで肩をアイシングで冷やす。僕は昔のままで、アイシングをやっていない。

しかし、だからといって、新しいことを否定するつもりは毛頭ない。むしろ、いまのやり方の方が優れていると思っている。

頭から否定しないで、新しいものについては一応、体験するようにしている。

みんなが「いい」と言うのだから、それは絶対いいはずだと思うからだ。だから試してみて、それが自分に合わなければ捨てればいい、という考え方をしている。

僕は年代的に、昔の「軍隊式野球時代」と、いまの「近代的野球時代」の両方を経験している。

高校時代の野球部は、問答無用で、野球部の先輩たちから殴られたり、1000本ノックなど厳しい環境のなかでやってきた。それは誉められたことではないかもしれないが、少々のことではギブアップしないという根性が養われたと思っている。

一方、厳しくはあるが、ちょっとした部員の不祥事で甲子園を辞退するなど、いまの高校野球部は様変わりしている。

練習法も、いまはスポーツ医学に則り、合理的で贅肉を削ぎ落とした練習になっている。

「どっちがいいか」

と問われれば、僕は「どっちもいい」と答える。

昔の練習法は不合理だからといって、すべて駄目と否定することはない。先人たちが「こうすれば上手になる」と考え、つくり上げてきたものだ。

そこには一理も二理もあるはずだ。

一方、いまの練習法は合理的で素晴らしいものだが、合理的であることによって、失われたものもあるのではないか。

精神力を鍛えるという意味で、昔の練習法に軍配が上がるだろう。合理的、科学的な練習法だからといって、手放しで賞賛することもないというのが、僕の考えである。

23 進化する心を持つ

日本のプロ野球の練習は時間も長く、決められたプログラムで基本から反復練習を繰り返すのに対して、アメリカのメジャーリーグの練習は時間も短く、自主性を重んじて効率的に行う。

それをもって、「アメリカの練習はぬるい」という言われ方をするが、実際に野球留学をしてメジャーの練習を体験した僕からすると、決してそんなことはない。

意外と練習の内容はきつい。

練習に対する姿勢は、日本人は緻密でアメリカ人の方が大雑把な印象があるが、アメリカもかなり考え抜かれたものになっている。

アメリカはチームプレーが少ない。

個人練習がものすごく多い。だから午前中で終わる。

日本の練習とちがい、チームから与えられる練習は最低限で、あとは個人の意志に任せる。だからといって、アメリカの練習が緩いというわけではない。練習が終わったら各自走って帰ったりしている。

僕は、日本式とアメリカ式を組み合わせるのが一番強いと思っている。

いまは昔と違って、アメリカもチーム練習が増えてきたように思うが、それでも、日本はチーム練習中心、アメリカは個人練習中心というスタイルは変わらない。だから、トータルの練習時間で言えば、アメリカのほうが練習時間が長い。一人で走ることがとても多いし、走る量はアメリカのほうが多いと思う。

日本の野球が劣っているとは思わないが、やはり、アメリカのほうが20年か30年は先に進んでいると感じている。

たとえば、新しい変化球はアメリカから入ってくる。速球一つをとっても、カット、スプリット、ツーシーム、フォーシームなど、いろいろなファストボールの種類がアメリカで生まれ、日本にも浸透している。

もともと日本の投手は先発完投型が当たり前だったが、中継ぎ、抑えというアメリカ式の分業制が取り入れられ、一般化している。

日本の先発投手は１２０球前後が交代の目安だが、いずれは、「先発は１００球」という球数制限が当たり前になるかもしれない。

そのほうが合理的であるし、僕が後輩たちに向かって「投手は先発完投して一人前」という昔の考え方を話すことは絶対にない。

むしろ、「昔はこうだったけど、いまはこう変わった。でも、どちらでもいいんじゃないか」と、昔といまを比較して話すようにしている。

僕は、30年間いろんな練習方法を体験してきたなかで「これはよかった」と思える練習をいまも継続している。それが、チームのピッチャー練習のスタンダードになっている。トレーニングコーチが僕のやり方を深く理解してくれるおかげで、僕の調整の仕方を後輩も実践してくれるのだ。吉見一起でも、先発ローテーションの合間の調整方法としてやってくれている。

僕が試行錯誤して得たノウハウを後輩たちが実践してくれるのは、とても嬉しいことだ。そして、僕と後輩たちでつくりあげた練習の成果が、「中日は投手王国だ」という評価につながっているということであれば、これ以上の喜びはない。

古いものでもいいものは残し、新しいものにも適応するスタイルをやり続けたから、時代が変わってもうまく移行できたのではないかと思う。

僕は、もともと自分のやっていることに自信がなかった。

「これでいいのだろうか、このままじゃいけないいんじゃないか」と自問自答を繰り返しながら練習をしてきた。

何が自分にとって100%よい練習なのかなんて、自分で決めることは難しい。ましてや、誰かが決めてくれるものでもない。

コーチや監督がアドバイスしてくれることでも、それが自分にとってベストかどうかは、やってみなければわからないからだ。

だから、僕は練習のたびに、「この方法はいいな」「ああ、こういう練習もありだな」と貪欲にとり入れるようにしている。

しかも、それは若い頃よりもむしろ経験を重ねた最近になってからのほうが多い。

政治でも、社会生活でも、仕事でも、僕たちは短絡的に「革新」と「守旧」の二極に図式化し、「革新」を是とし「守旧」を非とする傾向がある。

「営業は根性だ！」

上司が檄を飛ばせば、

（いまどき古いよな）

と、若い部下はそっぽを向くだろう。闇雲に営業をかけるのではなく、リサーチしてターゲットを絞り、効率よく営業をするべきだ――そう考えると思う。

僕はサラリーマンの仕事に不案内だが、野球のトレーニング法に対する考え方と、そうは違わないだろう。

だが、「営業は根性だ」という考え方にも一理ある。

一つの仕事に対して、決してあきらめないという根性は、効率のいい仕事法では養えないからである。

と同時に、効率のよい営業をすることも大事だ。

つまり、「どっちを選択するか」という考え方をするのではなく、「それぞれのいいところを取る」という進化する心を持った考え方である。

僕は、古いものと新しいものと、うまくミックスして練習にとり入れている。それぞれのいいところと悪いところを見極めて、時には省き、時には新たに導入するようにしている。

酒に例えれば、ストレートで飲むのではなく、いわば「マサ流カクテル」といったところだろうか。

このカクテルはうまいと、密かに自負しているのだ。

24 「自分に何ができるか」を常に問う

新卒大学生の離職率の高さが社会問題になっている。

新卒で就職した人の実に4割が3年以内に辞めるというのだから、これは尋常ではあるまい。3割打てば一流打者。「4割」と聞いて僕が目を丸くするのは、「率」に敏感なプロ野球選手だからだろうか。いや、僕ならずとも、新卒就職者の半数近くが3年以内に辞めていくことに首を傾げない人はいないだろう。

早期退職の理由はいろいろあると思う。

給料など待遇が実際は悪かったとか、職場の人間関係がうまくいかない、仕事がきつい、生き甲斐が見いだせない、将来性がない……等々、辞めるには辞めるだけの理由がある。

だが、個々の理由がなんであれ、煎じ詰めれば、

「こんなはずじゃなかった」

という一語に尽きるのではないだろうか。

思惑と現実とのギャップに「辞ーめた」ということになる。このことは「3年以内」と

いう数字が何より物語っているように僕は思うのだ。

プロ野球選手も、新卒ルーキーたちは将来にスター選手を思い描き、不安と希望の二つをいだいて入ってくる。

入団早々、一軍で活躍できるのは、ほんのひと握りの天才だけで、多くはプロの壁にぶつかって夢はたちまち打ち砕かれ、不安だけが大きくのしかかってくる。

「こんなはずじゃなかった」

と愕然とするのは、一般会社に就職した若者と同じだろう。

僕がドラゴンズに入団したときも、1年目からクビ寸前になるくらいプロの洗礼を受け、厳しさを味わった。

しかし、だからといって、「じゃ、辞ーめた」とはならない。夢と現実にどれほどのギャップがあろうとも、プロ野球選手のルーキーたちの誰一人として辞めていく者はいない。故障で離脱したり、クビになることはあっても、辞めていくことは絶対にない。

戦力外通告におびえながらも、自分を奮い立たせ、石にかじりついてでも球団に残ろうとする。

プロ野球選手が一般のサラリーマンより優れている、と僕は言いたいのではない。サラリーマンは職種を変えることができるが、僕たちは野球が駄目ならテニスというわけにはいかないからだ。

そういう世界で30年生き抜いてきて思うのは、「結論を出すのを急ぐな」ということ。料理は味見できるが、人生や仕事は、ちょっと舐めてみただけでは本当の味はわからない。このことは、新卒ルーキーだけでなく、転職した人、意に染まない部署や支店に飛ばされた人にも僕は言いたい。

では、現実が思い描いたことと違っていたらどうすればよいか。

くさらず、不平も不満も封じて黙々と努力する。「明日」を夢見るのでもなければ、「昨日」を振り返るのでもない。「いま」だけを見つめて根限りの努力をする。そうすることによって、道は必ず開けてくる。

僕がプロ入り5年目で米国マイナーリーグへ行かされたことは、すでにくわしく紹介した。くさっていた僕が、ファン主催のホームパーティで一念発起したことも書いた。だが、このとき僕は開幕を迎えて「敗戦処理係」。先発は5人ですでに決まっていたし、クローザーは固定、中継ぎはローテーション制が敷かれている。要するに出る幕はなく、したがって敗戦処理係というわけだ。

ここでくさっていたら、野球人生は終わっていた。カッコつけて言っているのではなく、このことは僕の経験談として、どうしても伝えておきたいことなのだ。敗戦処理は必要な存在だ。人間の身体に不要な部分がないのと同じで、敗戦処理係がいるからこそ、負け試合は先発もリリーフもクローザーも休むことができる。

人間の身体だって、足の裏は大事にされないが、足の裏があるからこそ、歩いたり走ったりできる。

敗戦処理も、足の裏も、必要とされるものには立派な存在価値があるのだ。

そういう気持ちでマウンドにあがれば、敗戦処理であってもベストを尽くすようになる。投げることに幸せを感じる。こうした努力で、僕の投球技術は次第に磨かれていき、エースの故障というチャンスに先発入りするのである。

努力が必ず成果につながるとは限らない。だが、この努力なくして成果は絶対にないことだけは確かなのだ。

それと、もう一つ。このことはぜひ言っておきたいのだが、高いレベルの集団に入ったら、そのレベルまで伸びてくる選手がいる。

ダルビッシュ有なんか、その典型だ。

日本ハム時代、ファームにいたときはイマイチだったが、一軍に引きあげられるや、たちまちエースに登りつめた。

上のレベルへ入ってみて、自分がどうすればいいかを的確に見抜く才能を持っていたということだ。だから、ドラフト指名の上位下位は関係ない。

下位で入ってきた無名のルーキーが、何かの弾みで高いレベルの集団に入れられるや、たちまちそのレベルまで上達してしまうこともあれば、1位で入ってきても、鳴かず飛ばずで終わる選手もいる。

二軍の群れに入ってしまうと、一軍の群れに戻っていくことはかなり困難なことだ。とはいえ、日本のプロ野球を目指さず、いきなりメジャーリーグに行くことには賛成できない。現在、ボストン・レッドソックスに所属する田澤純一投手も、社会人野球での活躍から2008年のドラフトの目玉だったが、ドラフト会議前に日本球界入りを拒否し、メジャーリーグへの挑戦を表明し、日本の12球団に対してドラフト指名を見送るように求めた。

これは日本のドラフト制度の根幹を揺るがす問題となったが、この件をきっかけに、ドラフトで指名されるような高卒・大卒・社会人の選手が海外のプロ球団と契約した場合は、その球団から退団したあとも大卒、社会人は2年間、高卒は3年間、日本のプロ球団と契約できないというルールができた。

このルールの是非はさておき、プロの経験のないままメジャーリーグに行っても、おそらく通用しないだろう。

田澤選手も故障が重なり、メジャーとマイナーを行ったり来たりしていて、その素質を活かし切っているとは到底言えない。

2012年の夏の甲子園岩手県予選準決勝でアマチュアとしてははじめて最速160キロの記録を残し、ドラフトの超目玉だった花巻東高校の大谷翔平投手も、日本のプロ球団入りを拒否してメジャーリーグへの挑戦を表明したが、ドラフト1位で強行指名した日本ハムが、栗山英樹監督を筆頭にして熱心な交渉を行い、投手と打者の二刀流プランまで提示して大谷投手の心を動かし、日本ハム入団へと至った。

僕は、大谷くんにとってはいい選択だったと思う。

「マイナーからのスタートになると思うけれども、メジャーに挑戦したい」という夢は立派なものである。

しかし、僕からすると、マイナーはマイナーなりの厳しい世界が待っている。

育成中心の日本の二軍とは全く異なる、メジャーへの切符をつかむための激しい争いの中に身を投じることになる。

プロの経験が全くない人間がいきなり飛び込んですぐに通用する世界ではないことは確かだ。

大手企業に就職したかったけど、就活が厳しく、不本意ながら中小企業に入ったとしよう。

自分の志望がかなわず、せっかく仕事にありつけたのに引きずってしまって辞めてしまう人と、「与えられた環境でがんばろう」と気持ちを切り替え、小さい会社でも一生懸命頑張る人と、そのあとどちらが成長するだろうか。

あるいは、自分の希望する部署に配属されず、花形部署とは縁遠い地味な部署になったからといって会社に不満をぶちまける人と、与えられた仕事をこなしてその道のプロになる人と、どちらが生き残るだろうか。

僕は、どちらにしても後者のタイプだと思う。

与えられた環境の中で面白さを見出し、自分を伸ばすことができるのは、プロとして最高の栄誉だと思っているのだ。

「いま、自分は何をなすべきか」

という視点を持ち常に状況を俯瞰して見る習慣をつける選手、いや人間だけが大成していく。これは僕の長い野球生活のなかで発見した「成功の法則」である。

人生は1回きりだ。

ブツクサと不平不満を言っても一生、何をなすべきか考え、努力しても一生。

たった1回きりしかない人生をムダに過ごしてはならない。

山本昌 30年の軌跡

1981年
日大藤沢高校入学。
香椎瑞穂監督の指導を受ける。

1984年
ドラフト5位指名で中日ドラゴンズに入団。同期は投手で渡辺久信（西武）、水野雄仁（巨人）、星野伸之（阪急）、吉井理人、小野和義（近鉄）、高野光（ヤクルト）、紀藤真琴（広島）、中西清起、仲田幸司（阪神）など。野手では池山隆寛（ヤクルト）、辻発彦（西武）、小早川毅彦（広島）など。中日のドラフト1位は藤王康晴、2位仁村徹、3位三浦将明。

1986年
10月16日、神宮球場のヤクルト戦でプロ初登板。0回2／3イニングで3点本塁打含む被安打2、自責点2。防御率27・00。

1987年
開幕一軍入りを果たすものの、4月14日広島戦でヒジを痛め降板、その後疲労骨折と判明し、シーズンを棒に振る。3試合登板、防御率16・20。

◉1988年8月30日広島戦でプロ初勝利

1988年
2月、同じベロビーチでキャンプを行ったロサンゼルス・ドジャースに若手選手4名と野球留学、1Aベロビーチ・ドジャースに所属。アイク生原の指導でスクリューボールを習得し活躍、1Aのオールスターゲームに出場。星野仙一監督の命令で8月に帰国。一軍に合流後は8月30日ナゴヤ球場での広島戦に5回から2イニングに登板、プロ初勝利を挙げる。この年、8試合に登板し無傷の5連勝（2完封）、防御率0・55。リーグ優勝の原動力となる。

1989年
先発に定着するも、シーズン初勝利は14試合目に登板した5月27日の巨人戦（完封）と出遅れる。シーズン通算では9勝9敗1セーブ、防御率2・93。

1990年
自身初の10勝達成（7敗）。防御率3・55。

1993年
17勝5敗で初の最多勝獲得。他にも、最優秀防御率（2・05）、最高勝率（・773）、最多完封（5）など記録づくめの1年となる。年俸1億円に到達。

1994年

2年連続の最多勝（19勝8敗、自己最多）、最多完投（14）で沢村賞を受賞。

1995年

故障もあって2勝5敗、防御率4・82に終わる。シーズン終了後、膝を手術。この頃からラジコンを始める。

1997年

ナゴヤドーム元年。初の開幕投手に。7月21日の阪神戦で10勝達成。この年は18勝7敗で3度目の最多勝。最多奪三振（159）のタイトルも獲得。

1999年

8勝5敗に終わるが、防御率2・96でリーグ3位となり、リーグ優勝に貢献。

2000年

11勝9敗、防御率2・61。9月5日の横浜戦で通算2000回登板。

2006年

9月9日の広島戦で通算2000奪三振、9月16日の阪神戦でプロ野球最年長記録となる41歳1か月でノーヒットノーランを達成。9月30日の阪神戦で若林忠志、村田兆治、工藤公康に次ぎ40歳代での二桁勝利（11勝7敗1S）を達成。

2007年

4月17日の阪神戦でセ・リーグ最年長記録となる完封勝利。

2008年

4月2日の巨人戦に登板し、投手のセ・リーグ最長実働年数を記録。5月14日のヤクルト戦で通算3000投球回数を達成。8月4日の巨人戦で完投勝利し、プロ野球史上24人目の通算200勝。42歳11か月での名球会入りと完投勝利はともに史上最年長。8月24日の巨人戦で史上最年長完投記録（43歳0か月）を更新、史上最年長二桁勝利。8月は4勝1敗で史上最年長の月間MVPに。

2009年

9月11日のヤクルト戦で大野豊が持つセリーグ記録を更新する22年連続勝利を記録。

2010年

春季キャンプの故障から二軍スタート。8月7日の阪神戦に初登板し、6回1失点で勝利を収め、実働25年と23年連続勝利を記録。9月4日、45歳0か月で巨人戦に登板、完封し、若林忠志のもつ史上最年長完封勝利の日本記録・最年長完投勝利記録を更新。5勝1敗でリーグ優勝に貢献し、10月23日のクライマックスシリーズファイナルステージ巨人戦第4戦に先発。ポストシーズン最年長登板（45歳2か月）を記録。

2011年

キャンプ中に右足首を痛め一軍、二軍ともに登板なし。

2012年

4月1日、開幕3戦目の広島戦で先発し、野村克也に並ぶ歴代2位タイの実働26年目を迎える。4月30日の横浜戦で7回2安打無失点で杉下茂の持つ球団最多勝利記録を更新する212勝目をマーク。

第4章

受け入れる

25 人を批判できるだけの自分か

ピッチャーは、どんなに好投しても、味方打線が得点してくれなければゲームに勝つことはできない。完投&完封しても、0対0なら引き分けである。その代わり打たれて得点されれば、負ける。

つまりピッチャーは、自分では勝つことができないが、負けることならできるという特異なポジションというわけだ。

だから、得点してくれるバッターは頼もしい。たとえば、ドラゴンズでは落合博満さんなんかそうだ。僕にとってプロで5人目の監督になるが、落合さんとはともに現役生活を送っている。

1987年にロッテからトレードでドラゴンズに移籍。93年オフにFAで巨人に移るまで、7年間一緒にプレーさせていただいた。

いまさら説明するまでもなく、落合さんは球界を代表するバッターだが、当時は近寄りがたい雰囲気があった。

三冠王を３度達成されているが、ドラゴンズに移籍する２年前、２度目の三冠王のときは打率３割６分７厘、52本塁打、１４６打点という驚異的な数字を残している。

さらに翌86年が３度目の三冠王になるが、打率３割６分、50本塁打、１１６打点で、２年連続50本塁打の偉業を達成している。

これほどピッチャーにとって頼もしい打者はいない。忘れもしない91年のシーズンだった。

４月29日、僕は阪神戦に先発で登板した。勝ち星に見放され、この時点で未勝利とあって、

（ちょっとヤバイな）

と、思っていた。

落合さんは、僕の焦りを見てとったのだろう。「おい、今日は俺が打って勝たせてやるよ」――そんな言葉をかけてくれたのである。何しろ２年連続三冠王の言葉だ。これほど心強いことはなかった。

そして、有言実行。打ちも打ったりで、落合さんは本塁打を含む４打数４安打６打点を叩き出してくれ、僕にシーズン初勝利をプレゼントしてくれたのである。こういう打者は

本当に頼りになるものだ。

反対に、絶好のチャンスに凡打すると、やはりガッカリはする。顔にはもちろん出さないし、すぐに気分を切り替えてマウンドにあがる。

野球はそう簡単には勝たしてくれないことを知っているから、ガッカリ気分を引きずることはないし、そんなことをしていたら自滅するだけだ。

会社という組織も同じだと思うが、同僚がミスをしたとき、批難してはならないと思う。同僚に対する思いやりということよりも、批難する自分が、実は天狗になっている場合が多いからだ。天狗の鼻は遠からず折れてしまう。これは僕の経験である。

26 黙々とこなす

「ピッチャーにランニングは必要なのか?」

そんな疑問の声を耳にすることがある。

似たようなことで、

「ビジネスマンに恋愛小説は不要。そんな時間があれば、ビジネス書を読め」

と、経営評論家が口にするのを聞いたこともある。

ビジネスマンと恋愛小説の関係については僕はわからないが、野球選手とランニングについてなら「必要だ」と断言できる。走れなくなった選手は、肩やヒジが壊れるからだ。

なぜかというと、ランニングは両腕を振ることで足を前に運んでいく。

練習で常に走っているということは、常に肩やヒジを動かし続けているということでもある。

つまり肩とヒジの準備運動を継続的に、しかもじゅうぶんにやっているというわけだ。

ところが、ケガや年齢から走れなくなった——あるいは、きちんと走らなくなった選手は継続的な準備運動が足りないため、投球練習を始めると肩とヒジを傷める。

これが僕の分析であり、一見、意味がなさそうなランニングが、実はピッチャーには欠かせないということになる。

いま僕は、30年も現役投手として頑張ってこられたことに感謝しながら、練習している。20代、30代のころよりも、よく練習していると思う。そうしないと、体力が追いつかないからだ。

何の理論的な根拠もなく「とりあえず走っとけ！」という練習を黙々とこなしたことも、

いまにして思えば何かマスのすき間を埋めていくような訓練であり、本当は意味などないかもしれないが、役に立っていると思う。

プロ野球のキャンプでも、1日6時間練習するうち、シーズンを通して1回か2回くらいしか使わないようなサインプレーを毎日練習することがある。

ランナー二塁でバントされたときに三塁でランナーを封殺するようなサインプレーなど、ほとんど使うことはないのだが、その練習を毎日でも行うことは、けっして無駄ではない。その時の動き、連携プレーの確認作業などは、必ず何か他の場面で役に立っている。

特に、予想外の事態になりとっさの判断を下さないといけない時に、普段実戦でやらないような練習の積み重ねの経験が役に立つこともある。

トレーニングコーチが作成するランニングメニューは、昔から僕がやっていた調整方法なので、走るスピードはトコトコと控えめだが、本数はこれまでと同じだけ走っている。時間はかかるが、そのくらいのペースがいまの僕にはちょうどいいのだ。

シーズン中の練習は、先発ローテーションで中6日としたら、投げ終わった翌日はジョギング。

次の日は、いまは休み。3日目に180メートルと110メートルを各々10本ずつ走る。

4日目に50メートルを10本、5日目に20メートルを10本、そして翌日が登板。これが、ドラゴンズの投手のスタンダードだ。夏だと最初の2日はさすがにきつく、汗びっしょりである。

もう少し練習法について話しておけば、投げ込みを僕は2回やるが、いまの若いピッチャーのほとんどが1回しかやらないし、登板前日は投げない。僕は絶対に放る。その前日にも放る。

投げ込みを1回ですませるのは、中4日のときだけだ。どっちがいいかはわからない。アメリカから来日する投手は、3日前にピッチングをして、それで終わり。そういうやり方なのだ。自分流でいいと思っているから、僕は若い投手たちにとやかく言ったことはない。

ただ面白いのは、若い投手たちが調子を落としてくると、

「山本さんが2回放るんで、僕も2回放ってみようかな」

と言い出す。それでいいんじゃないかと思って、内心ニヤニヤしている。

「投げ込みなんかしてもしょうがないよ」

という考え方もある。

だが、限界まで投げることができて、それを身体が覚えるなら、投球がちょっと違ってくるかもしれない。

僕は、そういう考えで2回の投げ込みを昔どおり継続しているのだ。

「こんな練習やってどうするんだ」

と周囲が言っても、僕はその練習によって、たとえばランニングと肩・ヒジの関係のごとく、一見無駄に見える練習でも意味がある、と解釈しているのだ。

もちろん、それが正解かどうか僕にはわからない。結局は「かもしれない」なのだ。

ストライクかボールかの判定は人間が下す。ストライクでもボールと判定されれば、それはボールになる。

バッターがいくら素晴らしいスイングをしても、ヒットにならないことはいくらでもある。

運が大きく左右するが、漫然と運を待っていたのでは、144試合の長丁場は乗り切れない。

だから運を味方にしたいというのが本心だ。武士は、己の魂である刀は絶対に跨がせなかった。

それと同じように、僕はブルペンでさえ、ホームベースは絶対に踏まない。跨いで通る。

ホームベースは、僕たちピッチャーが踏むものじゃない。踏むのは球場で得点するときだけで、他の理由では絶対に踏んではいけないと思っている。

また、グラウンドでは絶対にツバを吐かない。ツバを吐いたら、そこにボールが落ちると思っている。

だから外野でランニングしているときに、きつくなってツバを吐いてしまうと、そこにボールが落ちてヒットになってしまうと思ってしまうのだ。

アメリカでコーチから注意されて以来、マウンドを蹴りあげることもなくなった。たしかに、そんなことをしても何も解決しない。

自分の怒りをコントロールすらできなければ、投球をコントロールすることだってできないからだ。

アメリカの野球を見ていると、しょっちゅうツバを吐いたりしてマナーも何もあったものじゃないように見えるが、たとえばキャッチャーがペッと吐いたりすると怒られる。

アメリカはアメリカなりに、超えてはいけない一線があるように思える。

そして、僕が信じている「野球の神様」は、グラウンドにいると思っている。だから、グラウンドを粗末に扱うようなことをしないのは、僕の中ではごく自然のことなのだ。

これが、運と神様を味方につける僕のゲン担ぎだ。

サラリーマンであれば、革靴だけは毎日きれいにしようとか、そういうことを自分に課してもいいのではないだろうか。

「それって、何の意味がある？」

と問うてはいけない。《無用の用》であるかもしれないのだ。

27 ゲンをかつぐ

「ゲンかつぎ」は、ここ一番に臨むときの「心のウォーミングアップ」でもある。身体だって軽い準備体操から始め、試合開始に向けて徐々につくっていく。

心も同様の手順があってしかるべきだというのが「ゲンかつぎ」に対する僕の考え方で、怪しげな何とかパワーにすがるというのとは根本的に違うのである。

では、僕は運と神様を味方につけるためにどんな「ゲンかつぎ」をやっているか。

それは前回、勝ったときと同じ靴をはいたり、パンツをはいたりする。野村克也さんは監督時代、連勝中はパンツを替えなかったという伝説があるが、僕の場合は洗濯したやつだ。

それはともかく、「知将」と賞賛される野村さんにして、「ゲンかつぎ」だ。心をコントロールするという意味で大きな力になるということなのだろう。

このほか僕の「ゲンかつぎ」は、勝っているときは同じ道順で球場入りしたり、洋服や試合用のＴシャツなんかも同じものにしたりすることもある。

ナゴヤドームで先発するときは、雨の日以外は必ず洗車に行って、近くの神社にお参りする。

遠征のときは宿舎の近くを散歩する。外の空気をとりあえず吸って、天気の様子とか、土地の雰囲気を感じ取ったりすることで、心を落ち着けている。

ゲンというより、これはジンクスになるのだろうが、穴があいたスパイクを履いたまま試合で投げると必ず負ける。

ピッチャーのスパイクは軸足になるほうにカバーがついてるのだが、僕の場合、それに穴があいたらもう駄目だ。

絶対に替えないと駄目。運が逃げ、神様から見離されてしまう。試合が終わったあとでスパイクを見て、

「うわ、穴あいちゃってた！」

という経験が何度かある。だからスパイクの穴だけは、試合中も気をつけてチェックすることにしている。

試合用グラブは年間いくつも用意して使ってみていちばん気に入ったものを試合用にするが、ゲームに負けると次のやつにパッと替える。アウトを一つでも多く取りたいからゲンもかつぐのだ。

自分で、これはメンタル的に理にかなっていると思っているのが「汗」だ。ピンチになったら冷や汗をかく。ノーアウト満塁なんて場面になったら冷や汗が全身の毛穴から吹き出てくる。

つまり僕の場合、「ピンチ＝汗」という生理的な反応が脳にすり込まれている。ということは、ピンチでなくても汗をかくだけで「汗＝ピンチ」という反応が起きてくる。

だから僕は、試合がある日は汗をかかないよう水はほとんど飲まない。攻撃中に水を飲

むと、次の回にマウンドに立つと汗が出てくる。

すると、それだけでピンチになったような気分になってきて、投球に悪影響をおよぼすというわけだ。

「山本昌はゲンをかついでアンダーシャツを替えない」

とよく言われるが、そうではなく、汗をかかないように気を配っているからアンダーシャツを替えなくてすむというのが真相なのである。

僕だけでなく、「ゲンかつぎ」はピッチャーに多い。

特に先発ピッチャーはプレッシャーがかかるので心を落ち着けるため、人それぞれ「自分流のゲンかつぎ」をやっているものだ。

ピッチャーは、特に先発の日は、自分でいちばんいいと思ったことをきっちりやっていかないといけない。適当にヘラヘラやって通用する世界ではない。

ゲームの流れは、まったく読めない。

いまの勢いならどっちのチームが勝つかという予想はできても、どこでどうひっくり返るかわからないのが勝負の世界。

好投していても、野手のたった一つの凡ミスで敗戦投手になることもある。

ゲンをかつぎたくなるのは当然で、「ゲンなんか関係ない」と笑う人は、勝負の怖さを知らない人か、本気で勝ちに行っていないか、どっちかだろうと僕はそう思う。

プロゴルファーの青木功さんと鳥取のトレーニング施設で一緒になることがあるが、ゲンかつぎについて、こんなエピソードがあるそうだ。

翌日の朝飯にと、寿司屋でお稲荷さんを頼んだときのこと。「明日はエイトバーディーを取りたいから八つつくって」と冗談で言ったつもりが、なんと翌日はエイトバーディーを取ったそうだ。

あるいは、以前、乗ってらしたクルマのナンバーが「８１６」だったので、「今日はパターがハ・イ・ルかもしれないな」と思っていたら、実際によく入ったという。

こうした経験から、「ちょっとした自己暗示というか、言葉に表して自分自身にほのめかすと意外と効果があるものだ」ということだった。

ゲンかつぎはまさに「心のウォーミングアップ」なのである。

これは参考になると思うので、ぜひ紹介しておきたいのだが、僕には緊張をプラスに変えるゲンかつぎがある。それは「足に震えがきて、それが止まったらもう大丈夫」というやつだ。

緊張から一瞬、ブルブルッと震えがきて、ピタッて止まったときに、

（よし、これで緊張は終わりだ！）

と、自分に言い聞かせるのだ。

すると、自己暗示で落ち着いてくる。これが何度か続くうちに「ゲンかつぎ」となり、足の震えをポジティブに受け止めることができるようになっていった。

震えがきて、止まって、足の屈伸をすれば、心はスーッと落ち着いてくるというわけだ。

人間は、よくも悪くも〝心の生き物〟ということなのである。

28　緊張を「友だち」にする

僕は、緊張とは無縁の人間のように見られている。

たしかに、僕の風貌は神経質には見えないだろうし、話し方も陽気で、しかも笑顔が多い。

ついでながらピッチングフォームも流麗とは言いがたく、かなり個性的。そんなことが相乗効果となってだろう。

「マサさんはプラス思考ですね」
と後輩チームメイトから言われたりする。「プラス思考」という言い方は僕に気をつかってのことで、そのココロは「ノーテンキですね」という意味ではないか。悪口ではなく、山本昌は勝負度胸があって登板しても緊張せず、うらやましいということを言ってくれているのだと思っている。

ところが、これがイメージとは大間違い。登板前は、不安と緊張でビクビクしている。究極のマイナス思考なのだ。

結婚披露宴でスピーチを頼まれたときなど、僕は極度に緊張する。だから、乾杯前に飲み物を持ってきてもらった時に、「ビールをください」とお願いして、3杯くらい飲んでからスピーチする。

緊張でそわそわ落ち着かないといった経験はどなたもあると思うが、試合前のあの緊張感はその何十倍、何百倍のプレッシャーだと思っていただければいいだろう。

こんな話を知人にすると、
「それ、若い頃のことでしょう?」
と言われたりするが、それはいまも同じ。プロ生活30年で500試合以上に登板し、そのほとんどに先発しているが、それだけの経験を積んでいても緊張から震えがくる。

これは20歳の頃と変わらない。

若い頃——といっても、つい10年ほど前まで、登板前はいつも逃げ出したいと思っていた。

（でっかいハサミで、球場の電源を切ることはできないだろうか？）

そんな思いがよぎるほどのプレッシャーを感じていたのである。

一軍でプレーしたいと夢見ながら、いざ登板のチャンスがめぐってくると「電源を切りたい」と思うのだから、人間の心理というのは不思議なものだ。

さすがにいまはハサミのことは頭にチラつかなくはなったが、プレッシャーの重圧は同じ。試合前練習が終わると、ロッカールームでバスタオルを頭からかぶり、下を向いている。

KOされたボクサーが控え室に引きあげ、うつむいているような格好を思い浮かべていただければ、それに近いだろう。

そして誰とも口をきかず、試合用のグラブとスパイクを黙々と磨いているのだ。

傍目には精神を統一し、腹の底から気力を奮い立たせているように見えるだろうが、そんなカッコいいもんじゃない。ひたすらプレッシャーと戦っているのだ。というより、何かをしていないと落ち着かないのだ。

そして、グラブとスパイクを磨きながら、

「頼むぞ。きれいにするから、今日も頑張ってくれよ」

と心のなかで語りかける。グラブには「エラーしないようにちゃんと手入れしてやるから、エラーするなよ」、スパイクには「きれいにしておくから滑るなよ」などと話す。

やっていることは子どもじみているかもしれないが、僕は「野球の神様」の存在を信じているので、一心不乱にお願いしている。

むしろ、中学生、高校生のまま大人になれたことのほうがうれしいし、「こどもっぽい」と言われても、それは自分にとっては最高の褒め言葉だ。

神様はきっと見てくれている。

これだけやったんだから、神様はいいピッチングをさせてくれる——本気で、そう思っているのである。

そんな僕だから、試合前は食事がノドを通らない。試合前練習は、ナイターのホームゲームであれば午後2時半ごろから、ビジターならそのあと4時頃から始める。ゲーム終了が9時をすぎるので選手は軽食をとるが、僕は無理。練習時間から先は緊張から胃袋が食事を受けつけない。バナナ1本がせいぜいだろう。

だから昼食にしっかり食べる。胃袋はすでに緊張しているので、登板日の昼食はいつもカレーライス。カレーライスならスプーンでかっこむことができるからである。

こうして僕はずっと、マウンドにあがってきたのだ。

こんな話を書いたのはほかでもない。誰だって重要な使命を担うときは緊張するということを言いたいからだ。

スピーチだってそうだろうし、試験や面接だってそうだろう。大きな商談もそうなら、クレーム処理の矢面に立たされるのも大変な緊張とプレッシャーがかかる。

だが、人生という試合に登板している以上、緊張とプレッシャーは毎試合、ついて回るものだ。そして、この緊張とプレッシャーからは決して逃げることはできないということをわかっていただければ幸いである。

緊張とプレッシャーは、逃げることもできないし、ねじ伏せることもできないが、「友だち」になることはできる。

敵対するのではなく、仲よくすることで、励みに転じるのだ。

このことを参考までに付け加えておきたい。

ドラゴンズのＯＢと雑談していたときのことだ。ＯＢは僕にこんなことを言った。

「俺たちみたいに現役を退いたら、２度とあの緊張感のなかではプレーできないんだぞ。あの緊張感があるから、野球をやれるんだ」

この言葉を聞いたとき、僕は緊張とプレッシャーと「友だち」になろうと考えたのだった。開放はされなくとも、仲よくできるようになったことは確かである。

29 「もし……」を封じる

人間は「もし」に苦しむ。

「もし病気になったら」「もしもリストラされたら」

といった具合で、この「もし」に続いて、さらに「どうしよう」と不安が襲ってくる。

ちなみにガンという病気は、実際にガンになって頭をかかえる人よりも、「もし、ガンになったらどうしよう」という不安からノイローゼになる人のほうが多いとも聞く。リストラも、そうなったらどうしようという不安からウツ病になるケースもあるという。

み出す。

「もし」は将来に対して思いを馳せることであり、これは人間にだけ備わった素晴らしい能力だと思う。将来のことを考えるからこそ貯蔵という知恵が生まれ、予防医学も発達した。だが同時に「もし」は、他人に対して疑心暗鬼の心を生み、自分に対しては不安を生み出す。

僕の場合の「もし」は、

「もし、ストライクが入らなかったらどうしよう」

という恐怖である。

「そんなバカな」

と思われるかもしれないが、これは本当のことだ。四球、四球、四球でストライクが一つも取れず、初回でKOされたらどうしようと真剣に思う。

ガタガタ震えがきて、ガタブルというやつである。ストライクがとれないということはないとは思うが、「とれるという保証」はないのだ。

保証があれば緊張はしない。

だから「もし」に震えるというわけである。

ならば、「もし」を考えなければいいと思うのは誰しも同じだろう。僕も考えないよう

にしようとしたが、もちろん、うまくいかない。いつだったか、宮本武蔵の本を読んでいたら、

「思わじと思うも物を思うなり　思わじとだに思わじやきみ」

という沢庵和尚の言葉に出くわした。

早口言葉のようだが、「思うまいと思うこともまた思うことになる。したがって、思うまいとさえ思わないようにせよ」という意味で、沢庵和尚が「剣禅一致」を説いたものだ。要するに事に臨んで「無心であれ」と説くのだが、凡人の悲しさ、無心になろうと思って無心になれるものではない。

だから、いつも「もし」という不安がついてまわるのだ。

そして、この「もし」の恐怖に拍車をかけるのが、

「ここで失敗したら恥をかく」

という場面である。

たとえばツーアウト二、三塁でバッター8番という場面。次の9番バッターがピッチャーで、状況から代打はまずあり得ないとなれば、8番を敬遠して塁を埋め、9番のピッチャーと勝負のサインがベンチから出る。

何が怖いといっても、この場面がいちばん怖い。これはピッチャーの誰に聞いてもそう答えるはずだ。

アウトをとって当然の場面で、「これでチェンジだな」と、守っている味方もベンチも、そしてファンも思っている。抑えて当然——そう思われることが怖いのだ。

相手は一応、バットを持って立っている。打率が1割程度のピッチャーだって、バットを振ったら当たることがある。コーンとポテンヒットでも打たれたらヤバイと思うので、慎重に投げようとする。だから手元が狂ってボールになる。四球を出したらもっとヤバイ。コントロールに自信を持っている僕でさえ、カウントがノーツーなんてことになったら、恐怖からケツの穴がブルブルッてくる。

これが、クリーンアップが相手だと、「打ちとって当然」とは誰も思わない。こっちも気が楽で、ガンガンいける。ところが「これでチェンジだな」という場面は、30年やってきて、いまだにいやなものだ。

サラリーマンだって同じではないか。「契約をとってきて当然」と思われる商談はプレッシャーがかかるだろうし、「契約は難しいだろう」と思われる商談は思い切ってやれるのではないだろうか。

仕事だけでなく、このことはラジコンでも思ったことがある。全日本大会で上位に入った若者がメーカーに誘われて入社したりするが、これは入社してからものすごいプレッシャーだろうと思う。大会に勝たなければならないし、新商品を開発しなきゃならない。そんな姿を見ていて、

(趣味は職業にしちゃいけないな)

と思ったものだ。

野球だって、若い選手が先発メンバーに指名されて、

「楽しみです」

といったコメントをしているが、「嬉しい」という気持ちはあっても「楽しみ」というのはウソだと思う。草野球なら楽しみでプレーできるが、職業となったらそうはいかない。これは職業と名の付くものすべてに言えることだと思う。

では、この不安と恐怖をどう克服するか。前述の沢庵和尚なら無心でいられるだろうが、そうそうマネのできることではない。

僕は無心の逆を考えた。

「職業として選んだのであれば、つらくて苦しいのが当たり前じゃないか」——そう、自

分に言い聞かせることで何とか乗り切ってきた。

お金を稼ぐというのは、そういうことではないのか。今日まで投げてきて、つくづくそう思うのである。

先発ローテーションに入っていると、そのローテーションに添って生活する。先々まで日程表を見ながら、「ここは勝っておかなきゃな」「ここは厳しくなりそうだ」と検討したりして、精神的なコンディションを整えておく。

たとえば、先発前の２日間は外出しないで、気持ちを落ち着ける。

遠征したときも晩飯を食べに出かけることもなく、２日間はホテルに缶詰。

気分転換に散歩に行ったりする程度で部屋にじっとしている。

こうした過ごし方は、いまも変わらない。

そして、登板したあと２、３日は思い切りオフを楽しむ。いまはやらなくなったが、東京に遠征に行って投げると、後輩を連れて飲み歩く。朝まで飲むこともある。緊張から解放されて、ハメを外したくなるのだろう。思い切り飲んで、オンとオフを切り替えるわけだ。

仕事は、人生の中で一番長い時間を費やす。その中で生き甲斐を見出すことが重要だ。

そして、オフの時間に仕事を持ち込まず、はっきりと区別することが必要だ。

30 好調と不調をどうコントロールする

プロ野球選手にスランプはない。

少なくとも僕にはない。

シーズンを通して好調であるという意味ではなく、その逆だ。不調か、よくて「普通」の状態で投げているため、それを「スランプ」と呼べば、プロ生活のほとんどがスランプになってしまうからである。

絶好調の登板は年間に1試合か2試合あるかどうか。3試合を超えることは、まずない。2年連続で最多勝をとった頃は、ブルペンで投げているときから「今日は絶対勝てる」と思ったこともあるが、そういうのは例外中の例外。

むしろ不調の状態を「普通」と思い、それで勝ち星をあげるようでなければやっていけない。それがプロの世界だと思う。

サラリーマンだって、仕事が絶好調で朝の出勤のときから鼻歌が出るような日が何日あるだろうか。「行きたくねぇな」「このところ営業成績があがらねぇな」……と、不調のときが多いのではないかと想像する。

そんなわけで、ピッチャーの好・不調について、僕の考え方を書いてみたい。

まず、ピッチャーというのは、二軍の選手でも絶好調であれば一軍で投げても勝てる。ところが〝普通〟の調子であれば勝てない。

これに対して一軍の先発ローテーションに入っているピッチャーは、普通の調子でも勝つ。

つまり「平均点の差」。これが二軍と一軍の違いなのである。

プロ入りするような能力を持ったピッチャーは、好調であれば、全投手の３分の２は一軍で投げても６、７回まで完封できる。

絶好調なら、完投・完封だってできるだろう。

それだけの能力を持っている。不調の一軍エースと、絶好調の二軍ピッチャーが投げ合えば、二軍ピッチャーが勝つこともある。

だが、何試合もやれば、不調であってもエースが確実に勝ってくる。ダルビッシュ有のようなレベルの投手であれば、絶不調であっても勝つだろう。配球の妙であったり、フライにしてアウトを稼いだり、何とかして勝利をものにしていく。

僕たちプロ投手の目から見ていて、「あいつ、調子悪いのに勝ったな」というゲームはすぐにわかるのだ。

ということは、調子が悪いときにどうやって勝つか。好調も不調も、ましてスランプも関係ない。いかにして平均点をあげていくか。

この一点でプロは評価されるのである。

これは、知人である自動車ディーラー営業マンがボヤいていたことだが、

「調子がいいときは面白いように売れるんですが、悪くなるとサッパリになってしまう。不思議ですねぇ」

気持ちはよくわかるが、彼は考え違いをしている。ピッチャーと同じで、調子がいいときは黙っていても売れる。

そうではなく、「売れない月」に基準に置いて対策を講じ、年間通して何台売るかを考えるべきなのである。

好調は長くは続かない。年間3試合とないと書いたが、好調さに浮かれていると、たちまち落ちてしまう。必ず落ちる。そのなかでローテーション投手は、どうやってシーズン

二桁――10勝をあげるかを第一の目標に投げるのだ。

だから、僕のように29年も投げ、好不調に一喜一憂することの愚かしさを知ってくると、ジタバタしなくなる。シーズン序盤が5勝0敗とすべり出しがよくても、

(でも、どうせこれから負けるんだろうな)

と腹をくくっている。

さすがに10勝いったらホッとするが、好投が続くと、

(ツケがくるかな)

と心の準備をしておいて、

(やっぱりきた！)

ということになるのだ。

絶不調になったら、これが回復してくるまで凌ぐ。勝ちにいくんじゃなく、どうやって負けないようにしようかを考えるのだ。

「次の1点は絶対にやるまい」と思ってピッチングする。

そうこうしているうちに、味方の打線に助けられ、同点に追いついたところでピッチャー交代になったりする。

シーズンを通して辛抱しているうちに、ひょいと好投したりする。勝ち星がポンと転がり込むと、オセロゲームのように流れが反転する。平均点をあげるとは、こういうことをいうのである。

いろいろ試行錯誤したおかげでそんな達観めいたことが言えるようになったが、昔は違った。調子がよくなったら、後輩を引き連れて「オラ、いくぞ！」。一転、不調になったらドン底まで落ちる。何がなんだかわからない状態になってしまって、どう投げていいかすらわからなくなったものだ。

それを克服できたのは、「ワールドウィングエンタープライズ」で小山裕史先生に身体のメカニズムについて指導を受けてからだ。

つまり、調子がいいときは、なぜ調子がいいか、自分の身体の動きのなかで科学的にわかる。

反対に、調子が悪くなってくると、その理由もわかる。だから調子が落ちるのを途中で止めることが可能になった。

2年連続で最多勝をとったとき、ブルペンで投げていて「今日は絶対いけるな」と思ったこともあると書いたが、身体的なメカニズムがわかってくると、130キロ台の球速しかない僕がよくそんなことを思ったものだと、無知さ加減にあきれるのである。

メカニズムを知ったことで、勝ったからといって無邪気に喜ぶということがなくなった。ある意味、これはさみしいことかもしれない。だが一方、不調に陥っても、ドン底へ落ちるということはなくなった。知ったことで失ったものもあるが、得たもののほうがはるかに大きいと思っている。

仕事も同じで、好・不調に身をまかせ、一喜一憂するのも楽しい人生かもしれない。絶好調のときは後輩を引き連れて深夜まで飲み歩き、一転、絶不調になれば暗い顔をして落ち込む。

人間らしいと言えばそうだろう。

サラリーマン世界で、そういう人間がどうなっていくのかわからないが、「知るは知らぬに勝る」というのが僕の得た結論なのである。

「プロ野球選手にスランプはない」と冒頭に書いたが、より正確に言えば、「スランプになど陥っている余裕はない」ということなのであり、もっと厳しい言い方をすれば、野球選手もサラリーマンも、スランプを口にする人間は仕事に対する姿勢が甘く、「逃げ口上」にすぎないということなのだ。

31
上司から学び盗め

僕はこれまで4人の監督の下でプレーしてきた。星野仙一、高木守道、山田久志、そして落合博満の各氏だ。

それぞれ現役時代は一時代を画した名プレーヤーであり、多くのファンに愛されたスターたちだ。そうした方々と接し、「指導者の在り方」というものをつぶさに見てこれたのは、僕にとって何ものにも代えがたい貴重な財産だと思っている。

熱血漢の星野監督、選手の自立をうながす高木監督、厳しさと愛情の山田監督、ぶっきらぼうな一言で選手のハートをつかむ落合監督。個性豊かで素晴らしい監督たちから、多くのことを学んだ。

技術的なことはもちろんだが、それにも増して、選手は指導者の情熱に心を揺さぶられるということを肌で知った。

いまリーダーの立場にある人、あるいはこれからリーダーを目指す人に、僕が体験した名監督たちの指導力について話しておきたい。

特に、監督のタイプは大きく「星野型」と「落合型」に分かれると思う。

星野監督はとにかく怖かった。

「ノーアウトから打たれやがって！」

「ワンアウトから打たれやがって！」

「ツーアウトから打たれやがって！」

理不尽なことを言って怒鳴りつける。怒鳴られるだけじゃない。時に鉄拳が飛んでくるのだから、怖い。昔の映像を見ると、ピンチの場面で僕はチラチラとベンチを見ている。

星野監督が怒っているかどうか、気にしているのである。鉄拳と、いやみと、怒声。いまでも電話でしゃべるだけで、僕は直立不動になってしまう。

それでも、僕は星野監督が好きなのだ。

その理由が何なのか、いつも自問する。

「人徳」「器量」と言ってしまえばそれまでだが、僕自身が星野監督に惹かれる理由がわかれば、現役最年長の先輩として、若手たちを引っ張っていけるのではないか。

いつの日か、僕が選手を指導する立場になれることがあれば、そのときの参考にしたいという気持ちもある。

そんな思いで、僕なりに星野監督の魅力を分析してみると、「選手のために」というキーワードに行き着く。鉄拳も、いやみも、怒声も、すべて選手のためを思ってのことなのだ。

入団早々、こんなことがあった。先輩に「ジュース買ってこい」と言われ、自動販売機で2本買って取り出し口に手を入れたら、うしろから頭をバチンと叩かれた。誰だと思って振り返ったら星野監督だった。

(どうしたんだろう、ジュース買っちゃいけないのかな)

と思ってキョトンとしていたら、

「おまえ、左手を販売機に突っ込みやがって、この野郎! 突き指したらどうするんだ!」

怒鳴りつけられた。

それ以来、ジュースは全部、右手でとるようになった。頭を叩かれはしたが、僕のことを思ってのことだと感激したものだった。

打たれりゃ怒られ、抑えても怒られ、誉められることはめったになかったが、試合で使ってもらうことがいちばんのご褒美だった。

いくら怒られても、これでもかと使ってくれたからこそ、これだけの成績があげられたし、経験が積めた。すべては「選手のため」という星野監督の熱い思いが選手には伝わるのだ。

器量といえば、さすが星野監督だと敬服したことがある。罰金が1シーズンで相当な金額になったことがある。

当時、現役だった落合さんがさすがに怒って、

「あの罰金どこいくんや。罰金とりすぎじゃないか？」

と選手会長の小松辰雄さんに言いに行った。

「わかった。じゃ、選手を全員集めよう」

ということになって、二軍の選手も全員が集まった。落合さんは普段、ミーティングのときはいちばんうしろに座っているのに、そのときは前の方に陣取っていた。若かった僕も最前列だ。

監督への抗議だから、緊迫した状況になっていた。

星野監督が現れ、選手たちと対峙して座ると、ジロリと全員を見まわし、

「おまえら、罰金が多いとか文句言ってるらしいな。俺が来てから、給料下がったやつ手を上げろ」

二軍の選手を含め、誰も手をあげていない。

「そういうこっちゃ!」

ピシャリと言って、星野監督は腰をあげた。

誰も、何も言えない。星野監督の言うとおりだ。落合さんも、しょうがねぇな、という顔をしていた。

あとで知ったことだが星野監督は、罰金をキャンプ地の施設のために使っていた。

(監督、すげぇ!)

これが貫禄の違いかと感激したものだ。

それでいて細やかな気づかいもできる。

選手の奥さんの誕生日には必ず、花を贈ってくれる。監督から女房に花を贈られて、喜ばない選手はいない。

僕の宝物の一つに、星野監督から贈られたスイス製の高級腕時計がある。

通算147勝で星野監督の現役時代の勝ち星を抜き、さらに150勝したときだ。阪神との対戦が始まる前のナゴヤドームで、阪神の関係者が「監督が呼んでいます」と告げに来た。そのとき星野監督は阪神の監督をしていたのだが、「監督が呼んでいる」のひと言で僕はドキリとした。

反射的に「怒られる！」と、すくみあがったのだ。

おそるおそる三塁側監督室に入って直立不動すると、「マサ、おめでとう」と笑顔でわたされたのが、その腕時計だった。「星野仙一」と刻印され、１５０勝の祝福メッセージが添えてあった。フロリダのマイナーリーグへ「島流し」にした監督が、いまこうして祝福をしてくれている。

星野監督との出会いがなければ、僕はいま頃何をしているだろうか。感謝してもしきれない。２００勝をあげた夜、僕が真っ先に電話をかけ、報告したのは星野監督だった。

星野監督を評して「情の人」と言われる。激情、情熱、温情……。どれも感情の激しさを表す。怒るときは渾身で怒る。鉄拳も飛ばす。その一方で情も深い。

怒りも愛情も、選手のためを思えばこそだ。

言い換えれば、選手の将来を本気で考えれば、自然とそうなるということでもある。星野監督の魅力――いや指導者の魅力とは、まさにこの「情の振幅」にあるのではないだろうか。

お世話になった野球界に恩返しの意味で、いつの日か、チャンスに恵まれれば若手を指導できれば幸せだと思う。

しかし、僕は「星野」ではない。

「星野」の真似もできない。

ならば僕は、これから先も「山本昌」を貫いていくしかないのだ。

そのためには、自分という器を、もっともっと磨かなければならない。

いま50歳を前にしてつくづく思うのは、20代は20代の、30代は30代の、そして実年は実年の年代において、それぞれ器をひたすら磨き続けることでしか、人間は成長できないということである。

星野監督に教わった最大の収穫は、実はそのことではないかと密かに思っているのだ。

落合さんは、有言実行の人だ。

現役時代から言ったことはきっちりやり遂げる。

逆に言うと、まず言ってしまってから自分にプレッシャーをかけて努力する人だ。

打者としての実力もすごいが、野球理論に関しての頭のよさが際立っていた。

落合さんが監督になられた２００４年の前年、チームはやっとの思いでAクラスにとど

まった。それくらいの力しかなかったのに、落合監督は
「いまの選手の力を10％底上げすればトレードなど補強は必要ない。じゅうぶんに優勝を狙える」

という話をされた。

いまの力がどれくらいかを知っている選手はみんな半信半疑だったが、落合さんは決して上から目線で物を言うことはなく、「見守る力」を持ってコーチを信じ、選手一人ひとりに何をすべきか考えさせて育て、使いきり、見事優勝を果たした。

監督が何を求めているかが理解できない選手は決して使わないし、過去の実績があってもレギュラーにはなれなかった。

眼力、見る力にかけてはすごい人だ。

本当にこれだけ野球の情勢を知る能力を持った指揮官はそうはいない。

僕は星野監督に若い頃鍛えられて、ベテランになってからは落合監督の理論を学んだ。落合監督との8年間があったからこそ、僕は200勝できたと思っている。

第5章
腹をくくる

32 腹をくくる

悩みや心配事が仕事の足を引っ張るというのは、大いなる誤解か、言い訳である。「一病息災《いちびょうそくさい》」という言葉があるように、努力を怠らなければ、悩みや心配事は一つ二つあったほうが仕事はうまくいくのだ。

僕の場合、故障をかかえ、「ヤバイかな」と心配しながら登板したときは、意外にいい結果が出ている。神経が「心配」のほうに集中しているため、緊張することを忘れてしまっているからだ。

したがってリキむこともなければ、緊張に気持ちがうわずることもない。しかも不安を押して登板しているのだから、腹のくくりもある。好投する条件がそろうというわけである。

監督やコーチに故障を隠して——つまり「心配」をかかえて登板したことは数えきれないくらいあるが、そのなかでいまも鮮明に覚えているゲームを紹介しよう。

1997年の開幕投手に初めて指名されたときのことである。

「マサ、開幕、行ってくれ」

　1月のキャンプ中に星野監督から告げられた。ナゴヤドームが開場したシーズンで、しかもプロ入り初の開幕投手となれば、

（よっしゃ！）

　僕も気合いじゅうぶんである。

　ただし、それは通達されたときだけ。開幕投手は3倍のプレッシャーがかかることは先に触れたが、この瞬間から頭のなかで開幕までのカウントダウンが始まり、日を追って重圧がのしかかってくる。「敵」は自分。

　プレッシャーとの戦いである。

　気休めは、ドラゴンズの新本拠地になるナゴヤドームはグラウンドが広いことだ。狭い球場であればホームランになる打球も、ここなら外野フライに打ち取れる。ピッチャーにとって、広い球場は有利なのだ。

（こいつはいいや）

　と気が楽になった。

　いや、プレッシャーを少しでも軽くしようと、そう自分に言い聞かせたのかもしれない

が、不安から少しは解放されたことは確かだった。オープン戦でも調子は悪くなく、「これならいける」――と意を強くした。

ところが開幕3日前のことだ。張り切って外野を走っていたら太ももに違和感を覚えた。軽い肉離れを起こしたのである。

（やべぇ！）

焦った。

相手は星野監督だ。

「走っていて肉離れを起こしました」

と言ったらどうなるか。想像するだけで足がすくむ思いだ。

それに、恐怖心もさることながら、初めてつかんだ開幕投手のチャンスを逃すわけにはいかなかった。星野監督のことだ。

開幕でリタイヤでもしようものなら「二軍で出直してこい！」と言い出しかねない。ナゴヤドームでの初公式戦とあって名古屋は連日、沸いていた。僕は腹をくくった。

どう考えても、いまさら言えることではない。

トレーナーの口からもれるのを恐れて、肉離れのことは誰にも言わないで開幕戦を迎えたのである。

肉離れの心配が先に立って、緊張する余裕はなかった。とにかく心配は、ファーストへのベースカバーだ。思い切り走ったらヤバイことになる。そうかといって、星野監督が見ている前でチンタラ走るわけにはいかない。

（どうか、ファーストカバーに入らなくてすむように）

と、そのことばかり考えていたのである。

初回、横浜ベイスターズに先制されはしたものの、直後に立浪和義が先頭打者でホームランを打ってくれた。

結局、9回2死で降板するまで6安打、2失点に押さえ、先発の責任を果たすことができた。試合も3対2で接戦をものにしたのである。

このときの経験から、二つのことを僕は学んだ。

一つは、人間、腹をくくって断行すれば何とかなるものだということ。

そして、もう一つは「一病息災」。悩みや不安、心配事はプラスに作用するということだ。仕事の足を引っ張るのは「一病」ではなく、それにすがることで重圧から逃れようとする、その逃避の心にあるのだ。

33 開き直る心

僕はしつこい男だ。

頑固と言い換えてもよい。

前に述べた通り、入団してすぐに二軍コーチからピッチングフォームを変えるよう命じられたときも、頑として聞き入れなかった。コーチがサジを投げるのも当然だろう。プロとしてやっていけるか不安はあったが、僕は若かった。若いというのは怖いもの知らずで、確たる根拠がなくても、前途に夢を描くものだ。

そんな「しつこい男」が、ワールドウィングの小山裕史先生にフォームを改造すればもっとよくなると言われ、二つ返事でお願いをした。

一つには、小山先生の話をお聞きして全幅の信頼を置いたこと、もう一つは「もう、なるようになれ」と開き直りの気持ちがあったからだ。

米国ファームから帰国後、僕は１９９３年、１９９４年と2年連続最多勝投手になった。ことに１９９４年は、シーズン19勝８敗で沢村賞の栄誉に輝いた。

ところが、好事魔多し。皮肉にも沢村賞をとった直後の１９９５年、僕は左ヒザを痛めて手術し、二軍でリハビリ生活を送ることになる。このときにラジコンと、そして小山先生に出会うのだ。

ラジコンに没頭する若者に触発されたように、「練習方法や野球に対する考え方を変えれば、まだまだ頑張れるのではないか」と自分を励ます一方、「現役選手としてはもう終わりかな」という「弱気の虫」が頭をもたげていた。プロ入り1年目でクビになりかけた「無名の男」が一軍の先発ローテーションに入り、このとき81勝をあげていた。最多勝も2回、沢村賞もとった。

（もういいかな）

という思いがよぎったのも事実だ。

ところが、小山先生は僕のフォームをチェックして、

「フォームを少し変えれば、もっとよくなります」

と、初対面でおっしゃったのだ。

「先生、好きに直してください！」

咄嗟にそう答えた僕の気持ちがわかっていただけると思う。

いま振り返れば、よく言ったと思う。きっと、気持ちが突き抜けていたんだと思う。引退しても仕方がない――そう開き直っていた。「野球の運は均等で、上がれば落ちる」と自分に言い聞かせてもいた。

「すべておまかせします、先生の言ったとおりにします」

まさに、医師に手術をまかせた患者の心境だった。

プロ投手の常識としては、チームのコーチでもない小山先生にフォーム改造をゆだねるなど考えられないことだった。

だからだろう。親しいスポーツ新聞記者が「勇気があるね」と誉めてくれた。いや、揶《や》揄《ゆ》だったかもしれない。

前年の沢村賞投手ということを考えれば、再起が叶うかどうか別として、少なくともリハビリに専念するのが常道だろう。

だが、僕は開き直っていた。僕は頑固でしつこい男だから、何事もトコトンこだわるが、こだわり抜いてしまえばストンと気持ちが突き抜けるということを、このとき経験したのである。

人生や仕事の壁にぶつかれば、誰だって悩み、苦しみ、どうしていいかわからなくなる。

右に行くか、左に行くか、このまま真っ直ぐに歩き続けるか——。

正解が見つからないまま迷いが生じ、決断できないのは、僕に言わせれば「こだわり」が足りないからだと思う。もっともっと悩み、もがき、苦しめば、ある瞬間、ストンと気持ちが突き抜けるときが必ずやってくるものなのである。

八方塞がりになったら開き直ることだ。開き直るために、苦しむことだ。しつこく、頑固に——。

これは、チームという組織をまとめるときにも同じことが言える。チームが連敗続きでベンチの中でもお通夜のようになってしまうことがある。士気を高めようにもすべてが空回りして、悪循環に陥る。

そうした苦境を乗り切るにはどうすればよいか。これは、チームで、エースで勝つ、主軸が打つことに尽きる。ドラゴンズの場合は吉見が投げて勝つことだ。そして僕ら2番手、3番手がその後に続いていく。エースが投げて勝つことで士気が高まり、いい部分を壊さないようにしていくことが重要なのだ。

チームが勝ち続けて勢いに乗っている時でも、エースと主軸が活躍していることが、チームを上昇気流に乗せるポイントになる。

チームの雰囲気を切り換えるためには何をするか。まずは、僕がいろいろな人から話を聞くことにしている。上に対しても話を聞く。

そして一致結託する。

それぞれの選手がバラバラに行動するのではなく、一つのテーブルにつくことが重要だと思っている。

会社組織では部長、課長、係長、平社員といったポジションに分かれるだろうが、それぞれが責任を持たされている。まずは、最年長である自分が意志を示すこと。そして、部下がしっかりとついてこれるような結果なり姿勢を示すことだ。

そうすれば、部下が手柄をあげることもあるだろうし、ひいては、それが自分の手柄につながることもある。そうすれば、うまく回り始める。

これがスポーツの素晴らしいところでもある。社会の仕組みも、このようなスポーツから学べることがあるのではないかと思う。

34 若手を教育するには失敗談がいい

若手にどう接するか。

部下や後輩を持つ立場、あるいは年齢になると、否応なく直面するのがこの問題ではないだろうか。「俺たちはこう教わった」――と昔流を持ち出せば敬遠されるだろうし、機嫌を取ったのでは若手は増長し、結局、彼らのためにならないということになる。これでは上司や先輩として失格だろう。

プロ野球選手は個人事業主であり、チームはその集合体だ。そういうことから言えば、若手のことなんか放っておいてかまわない。若手のことを考えるヒマがあれば自分のことを考えろ、という世界だ。非情でもジコチューでもない。「戦力外通告」と背中合わせに毎シーズン送っているプロにしてみれば、これは当然であり、プロの厳しさとはこういうことを言う。

だが、先を走る者として、あとからついてくる連中に手を差しのべてやりたいという思いも、一方ではある。あるいは、自分が味わった同じ苦しみに若手がもがいているのを見れば、何とかしてやりたいと思うのは人間としての情というものだろうし、チームを引っ張る立場からすれば、若手の育成・指導は義務でもある。

さらに言えば、将来、コーチなど指導者に就く機会に恵まれれば、否応なく若手と向き合うことになる。

そんなことを考えると、48歳になる僕は、年齢的にも立場的にもチームを引っ張ることが、球団から求められるだろう。また、これまでの経験を活かし、若手にアドバイスすることは、お世話になったドラゴンズへの恩返しでもある。

若手に話をするのは、もっぱら僕の体験談だ。それも失敗談がいい。

説教にならないよう自分を〝肴〟にして、面白おかしく話す。後輩たちを笑わせながら、それでいて、「へぇ、そうなんだ」と、一つでも二つでも、これからプロ選手を続けていくうえで参考にしてくれればいいと思っている。

よく知られたことわざに《人には添うてみよ、馬には乗ってみよ》というのがある。

ご承知のように「馬は乗ってみてその良し悪しがわかり、人は寄り添ってみてその良さがわかる」という意味だ。これは、中国の故事をもとにしている。

その昔、皇帝が馬を見抜く鑑定眼を持った伯楽のすすめで九方皐《きゅうほうさい》に名馬を求めさせたときのことだ。

砂丘で黄色の牝馬を見つけたというので連れてこさせると、牡の黒馬であった。「どういうことだ！」と皇帝が激怒すると、伯楽は平然と、

「馬を観ず、天機を観る」

と返事した。「九方皐は馬の外見などに頓着せず、素質を見てこの馬を選んだのです」と言ったわけだ。やがて、この馬が千里を走る名馬であることがわかってくる。「天機」とは、生まれつきの才能のことで、九方皐はまさに馬の天賦の才能を見抜いたのである。

僕はこの故事が大好きで、若手に接するときの戒めとしている。

僕に人物を見抜く目も、才能を見抜く目もないかもしれないが、上辺だけで判断しないで、若手の「本質」を見てやりたいと自分に言い聞かせているのだ。

それにしても、47歳とルーキー。親子のようなものだ。社会人や大卒ならいいが、高卒のルーキーとなると、お酒を飲ますわけにはいかないし、夜遅くまで連れまわすわけにもいかない。

先輩というより「保護者」の気分でいるのだ。

練習についても同様だ。口でどうこう言うことはしないが、練習をしっかりとやって、その姿勢を学んでもらう。彼らには自分の背中を見せることで伝わっていると思う。いまでも、若手と同じ練習メニューをこなしている。だから、言葉で伝える以上に、態度で僕のやっていること、考えていることを感じとってほしい。

人それぞれだから、コミュニケーションのとり方もいろいろあるが、悩んでいる様子があれば、声をかける。「実はこういうことで悩んでいる」という話が出てくれば、自分のできる範囲で、自分のことをさらけ出す。

そういう気持ちになったのは、30代の後半くらいだろう。社会人の40代は、野球選手で言えば35、6歳くらいだと思う。

だから、20代、30代前半までは教えないようにしていた。ライバル視していた。これはプロとして当然のこと。同じ職場とはいえ、自分から教えるようなことはなかった。

42、3歳ごろから、アドバイスをするようになった。これは、「俺を負かしてみろ、俺に引退を決意させるような選手になれ」という思いがある。もちろん、いまはまだまだ自分も勝てると思っているから現役を続けているし、負けたくないという気持ちがある。しかし、客観的に見て「負けてるな」と思ったら、それが辞めどき、引退の道を歩む時だろうと思う。

ここ5年くらいは、後輩たちの心が開けるような雰囲気づくりもしたりしている。どうしたらよいのか迷うのは30代まで、40代ともなれば、不惑ではないが、やることは決まっているし、「手抜きをしない」ということを守ればいいし、それを後輩に伝わるようにしている。

そして、ドラゴンズに限らず、他チームの選手もウェルカムだ。「なんでも来い」という気分で、いつでも僕の話を聞きに来てもＯＫ。聞かれれば、アドバイスする。ただし、人間一人ひとりは違うので、必ず「無理はするなよ」と言うようにしている。そして、「絶対に固執するな」とも言っている。「試してダメならすぐに捨てろ」と言うようにしている。

アドバイス自体は、厳しいことを言うわけではないが、とにかく僕のやり方を完全に受け継ぐのではなく、合わなかったら迷うことなく捨ててほしい。

40代になったいまは、突き抜けたという実感がある。

引退も怖くなくなった。

守るべきものも少なくなったから攻めの姿勢も増えてきた。

長くやりたいという思いを隠すこともなくなった。

35 ダイヤではなく〝いぶし銀〟を目指せ

ダイヤモンドは草むら転がっていても光る――という話を、若い頃に聞いたことがある。

いや、本の一節だったかもしれない。

「芽が出ない」

「認めてもらえない」

と不平不満を口にする人を諌《いさ》めたもので、お気に入りの言葉の一つだ。いまは不遇をかこっていても、光ってさえいれば人の目に必ずとまる。だから自分をひたすら磨け――という意味になる。

言い方を変えれば、人生は自力だけで這いあがっていくものではなく、しかるべき人が上から見下ろしていて、

「よし、こいつを引きあげてやろう」

と手を差しのべてくれるということになるだろうか。「人に恵まれる」とは、そういう

ことを言うのだろう。そのためには、目にとまるよう、しっかり光っておく必要があると僕は解釈し、自分に言い聞かせたことを覚えている。

ダイヤはもちろん、ルビーにもサファイヤにもなれなかったが、銀の小さな塊くらいにはなれたのではないかと思っている。ダイヤの輝きはなくても、努力して太陽の光を目一杯、チカチカとハネ返していたので、上から見下ろす人の目にとまることができたのだろう。

だから中日ドラゴンズの歴代監督――星野仙一、高木守道、山田久志、そして落合博満といった錚々たる人たちが手を差しのべ、引きあげてくださったのだと思う。

名球会入りもできたし、球団の通算勝利数も更新させていただいた。

最多勝のタイトルも3度とっている。最年長現役選手として、いまもマウンドに立っている。

僕のことはスポーツニュースにもよくとり上げていただくので、「山本昌」という名前は野球ファン以外にも知られていると思う。

だが、僕はスター選手ではない。

なれなかった――と言ったほうが正確だろう。

僕が定義するスター選手は「みんなができないことをやる」というものだ。ズバ抜けて速い球を放ったり、走ったり、打球を遠くまで飛ばせれば、間違いなくスターになれる。野球技術だけではない。周囲の人が驚くような、突拍子もないことをしたり、華やかさがあったり、話題をつくれる人もスターになれる。

「ミスタープロ野球」と呼ばれ、国民的ヒーローの長嶋茂雄さんは、その典型だろう。長嶋さんは一挙手一投足、一言半句が話題になる人だった。

いまとくらべて、伝説になるような大スターは昔のほうが圧倒的に多い。

誤解を恐れずに記せば、破天荒で、セオリーを平然と無視できる選手が人気を得て、スターになったのである。夜空の星のごとく、まさにそこにいるだけで光ってみせるのがスターなのだ。

僕は性格的にスターとしての素養が欠けている。胸を張れる記録を達成しても、決してスターにはなれないことは僕自身、よくわかっている。

昔のことだが、巨人のエースだった斎藤雅樹さん（現、巨人軍コーチ）と札幌で飲む機会があって、「スター」について話をしたことがある。当時、雅さんと僕は年棒1位と2位の投手だった。

斎藤さんが首をひねりながら、

「なんで俺たちは目立たないのかな」

と、考え込んで話した。

それに対して僕は、

「そりゃ、しょうがないんじゃないですか。自分たちはしゃべることがまともだからですよ」

と言ったことを覚えている。

僕は続けて、

「試合後にコメントを求められたときに、記事になるような面白いことをしゃべるか、まったくしゃべらないか、どっちかでしょうね。しゃべらなければ、それはそれで面白いから記者は記事にする。だけど、斎藤さんや僕は真面目に対応してしゃべるから、記事にするほうとしてはつまらない。だから紙面に載らないんでしょう。記者やファンが喜ぶのは、普段はチンタラしていても、やるときはすごいことをやるような選手が好きなんだから、仕方ないんじゃないですかね」

そんな話をした。

斎藤さんは当時、11試合連続完投勝利の日本記録を達成。沢村賞3回、最多勝5回など数々のタイトルをものにした大投手であるが、私生活を含め、メディアの話題になるという意味において決して大スターではなかったのである。

スターになれなくてもいい。ダイヤの輝きがなくてもいい。銀はいくら磨いても華やかなダイヤにはなれないが、深い味わいを持つ〝いぶし銀〟にはなれるのではないだろうか。

これは野球選手に限るまい。あと2年、50歳まで〝いぶし銀〟としてプレーできたなら、これに勝る喜びはないと思っている。

36 相手にとって自分は〝必要な人間〟として成長しているか

ピッチャーが投げてキャッチャーがとる。

その球をバッターが打つか、見逃すか、ヒットになるか、アウトになるか――。

ピッチングとは、とどのつまりはそれだけのことだが、その1球ずつにバッテリーは勝負をかける。

そこで、このバッターに対して次はどういう配球にするか、バッテリーはサインを通じて会話し、ピッチャーは渾身の１球をキャッチャーミットめがけて放る。だが、僕はキャッチャーとはほとんど会話しない。

キャッチャーが出すサインどおりに投げるのだ。理由はハッキリしている。キャッチャーは何千人ものバッターを相手にし、研究をしてきているのだから、彼らの判断は僕より的確だ。

キャッチャーの言うとおりに全部投げることができたら絶対に勝てると確信している。

ごくたまにだが、

（その配球、ヤバくねぇ？）

と思うこともあるが、

（あいつには何か考えがあるんだな）

というように考える。

言葉を変えれば、キャッチャーに全幅の信頼を置いているということだ。要求どおり投げて打たれたら、それはキャッチャーのミスではなく、自分のせいだと思っている。こんな言い方をすると、いい子ぶっているように聞こえるかもしれないが、「自分がいいボールを放って差し込めれば、打たれなかった」――いつもそう思うようにしている。それがパートナーというものではないだろうか。だから僕はキャッチャーのサインにあまり首は振らない。

それに、こんな言い方をしていいのかどうかわからないが、どんなに素晴らしいピッチングをしても、勝ち星につながるとは限らないのが野球だ。打たれても味方に点をとってもらって勝つこともあれば、好投しても点がとれなければ負けてしまう。

僕が最多勝のタイトルをとったとき、夏場までの防御率は4点台とひどいものだったが、勝ち星はすでに二桁をあげていた。

シーズン終盤にいいピッチングをして防御率は3・5点になったが、結局、チームは2位。だからいいピッチングをしても勝てないこともあれば、その逆もあって、いつかチャラになる。

そう自分に言い聞かせもし、後輩たちにもアドバイスしている。あれこれ考えないで、キャッチャーを信頼して要求どおり投げればいい。僕の経験から言えば、バッターに対する「読み」は、キャッチャーのほうが鋭いものだ。

バッテリーは夫婦のようなもので、長い間一緒にやっていると、配球は阿吽《あうん》の呼吸になってくる。

バッテリーを組んだのは中村武志が最初だが、彼と僕は星野監督の鉄拳で育った「戦友」だけに、サインを見なくても次の球がわかった。

中村の返球を受け、サインをのぞくときは、すでに予想した球種の握りをしていた。しかも、その球種でストライクをとりにいくか、外すか、その確認をする必要がないほどだった。

これが、技術を超えた信頼関係というやつなのだろう。

「あいつがリードをミスした」

「あいつが要求どおりの球を投げなかった」

という責任のなすりあいは、技術的な問題よりも、「信頼」という人間関係に行き着くのではないだろうか。

余談になるが、中村と僕は、1999年、ダイエーと戦った日本シリーズという大舞台で、信頼しすぎたため大失敗をやらかしたことがある。

僕が先発し、3回までパーフェクトに押さえて、4回ツーアウト。ランナーなしで、バッターは3番の小久保。小久保はかぶさるように構えるので、中村のサインが見にくかったが、そこは阿吽の呼吸で球種はわかる。

ところが、チラリと見えたサインが予想と違っていた。

（あれ？）

と僕は思った。

いま空振りしたのと同じボールを要求していたのだ。ここではインハイに1球ボールを放ってから、前と同じボールを投げるのが普通で、中村もそれを要求するものと思っていたからだ。

（なんだ、直接いくのか。ま、いいか）

というわけで放ったところが、

（ありゃ！）

センターへ弾き返された。次の城島にホームランを浴びこの回2失点、結局5対0で負けてしまった。

試合のあとで、中村に小久保に打たれたサインのことを尋ねると、

「マサさんがイヤそうな顔をしたから変えましたよ」

中村はサインを変え、別の球を要求していたのだが、おざなりにのぞきこんだため、僕は見落としていたのである。

「そうだったのか。小久保のバットでサインが見えなかったもんで……。なんか、おかしいと思ったんだ」

ツーカーであったゆえの大失敗だったが、それほどに信頼し合っていたということになるだろうか。

バッテリーを組んだ勝ち星は、上から順に中村武志、谷繁元信、矢野輝弘、小田幸平ということになる。

谷繁はゴールデングラブを何度もとっているが、リードはセオリーどおり。セオリーを、とことん追求している。

9回1点差であればインコースは絶対に投げさせず、アウトコースだけで何とか組み立てる。アウトコースだけで組み立てるのは苦しいが、それができるキャッチャーだ。

バッターにしてみればミエミエでも、アウトコースを要求する。

「打てるものなら打ってみろ」というリードだ。反対に、インコースがかまわないとなれば、インコースをガンガンいく。

そういうメリハリがある。攻め時、引き時の駆け引きが実にうまい。

矢野は、とても投げやすかった。

走者がいないときは、地面にへばりつくように低めにミットを構えてくれる。ストレートで追い込んで最後は変化球というのが矢野のリード。

中村がいたので矢野とバッテリーを組んだ期間は短かったが、実力派のキャッチャーとして高く評価していた。小田幸平は明るい性格でチームのムードメーカーだ。２００６年に移籍してきたとき、僕の先発時には彼がスタメンでマスクをかぶっていたくらい、僕との呼吸はバッチリ合う。僕にとっても、チームにとってもかけがえのない存在だ。

こうして振り返ると、本当に素晴らしいキャッチャーに支えられてきた。そして、つくづく思うのは、パートナーというのは、「相手が、自分にとってよきパートナーであるかどうか」ということより、「自分が相手にとってよきパートナーであるかどうか」という視点が大切なのではないか。

他人のせいにしてはいけない。

僕自身、キャッチャーにとって「よきパートナー」であったかどうか問われると心もとない気がしないでもない。

「よきチームメイト」であったかどうかもわからないが、そうありたいと願ってきたし、この思いはいまも変わらないでいる。

37 あきらめない

追われる立場――それが、いまの僕だ。

最年長のおっさんが現役でプレーしている限り、若手の誰かが確実に割を食う。

プロ野球界が椅子取りゲームである以上、あとに続く若手は、先を行くベテランを追い越さなければメシの食い上げになる。

これはプロ野球界だけでなく、競走はどの社会にもついてまわる。サラリーマン社会で「長」のつくポストに後れを取れば、逆転するのは不可能に近いだろう。

だから後輩は先輩を追い越そうと努力し、先輩は追い越されまいと必死で前を駆けていくことになる。

だが、カッコつけるわけでなく、僕は若手の台頭はまったく気にならない。追われる立場のプレッシャーも、焦りもない。

(若手が好投してヤバイな)

と思ったり、足を引っ張ったりすることは絶対にない。

自分のピッチングに自信があるからでは決してない。「覚悟」だ。先発ローテーション入りが無理になったら引退する——そう覚悟しているからだ。

逆を言えば、ローテーションに入っている限り、現役でいるということ。要は自分との戦いであって、若手は関係ない。だから「若手よ、どんどん出てこい」と思っている。

若いときは、そんなことは露ほども思わなかった。20代のころは「もっと上手くなりたい」「稼ぎたい」と思っていた。どうすれば他の若手ピッチャーたちを出し抜けるか、真剣に考えた。いろんな幸運にも恵まれ、25歳から35歳くらいまでの10年間が、僕の野球人生でいちばん安定していたと思う。

ローテーション落ちなんか絶対しないし、いくら打たれようが、「おまえ、ずっと投げろ」と監督から言われるぐらいの成績をあげていた。

そして、いまはチーム全体のことを考えるようになった。「自分が引っ張らなくては」「自分が若手に手本見せなきゃ」と思い、それが励みにもなっている。チームのことを考えれば、若手にもっともっと出てきてほしい。

僕は追われる立場じゃなく、踏み台にしてくれたらいい。そうすることが、僕をここまで育ててくれたドラゴンズへの恩返しだと思っているのだが、

「おまえは、やさしすぎるのが欠点だ」

と言われる。

「もっと後輩たちを叱らなきゃ駄目だ」

と、ドラゴンズのＯＢから苦言を呈されることもある。

僕としては、叱るときは叱ってはいるのだが……。人それぞれキャラクターというものがあるので、まっ、いいか、と。僕は僕のキャラで、チームを勝利に引っ張っていければいいなと思っている。

若手の台頭は気にならないが、一方で、1年でも長くプレーするということを真剣に考えてもいる。若手と張り合うのではない。僕を応援してくださっている「おっさんたち」の励みになればいい――そう考えるからだ。「マサさんが出場すると元気が出る」とか「50過ぎても頑張ってください」「マサさんを自分の励みにしています」といったファンレターを同世代からたくさん頂戴する。「中年の星」と呼んでくれるファンもいる。僕が現役を続けることで、同世代が励みにしてくれるなら、これはこれで大きな意味があるのではないかと考えるようになった。

（簡単にあきらめちゃいけない）

そう思った。

体力は当然、落ちていくが、気力まで落としては絶対にいけない。やれるところまで、燃え尽きるまでユニフォームを来て一軍のマウンドに立つ。そう決心すると、ファイトが腹の底から湧きあがってくるのだ。

いまから10年前、30代の後半を迎えたとき、みんなが「40歳まで頑張れ」と言って励ましてくれた。

当時40歳の現役選手というのは長寿で、野村さんや工藤さんがそうで、次いで僕が「40代プレーヤー」になった。

すると今度は「1年でも長く頑張れ」と言ってくれる。「よし、そう言ってくれるなら」と頑張って45歳になったら、

「次は50歳まで頑張れ！」

ということになった。

1年1年……という思いでプレーし、45歳から3年が過ぎた。50歳まで現役でやるということにどれだけ意味があるのか、いつも考えさせられる。

「50歳まで頑張れ」とファンが応援してくれる選手は、いずれ出てくるにしても、ここし

ばらくはいないだろう。

だから、ありがたいことだと思う。

僕が長くプレーすることが、同世代の励みになり、「人生、いくつになっても現役で頑張れる」という応援メッセージになるとするなら、これは意味のあることではないか。口はばったいことだが、僕はそう思っている。

日本は「老人大国」になりつつある。

20代の若者が老後を考える時代になった。40代、50代ともなれば、本当はまだまだ若いにもかかわらず、老後が「直前の現実」として心に重くのしかかってきて、引退後の生活設計に心を悩ますことになる。

それが悪いとは言わないが、「老後」や「不確かな将来」や「明日」を思い悩むのではなく、今日を完全燃焼して生きていくべきではないか。

一生の時間は限られている。

いまを、今日を大切にしなければいけない。僕は50歳まで投げられるかどうかわからない。わからないが、チャレンジすることで、「今日を完全燃焼する」という生き方のメッセージとしたいのだ。

38

人生は、思った以上に短い

人生は、どういう「時間軸」でとらえるかによって、長くもなれば短くもなる。

平均寿命ということでとらえれば、「人生、80年」ということになり、これは長い。「日々のことに一喜一憂するな」「明日があるさ」とノンキに構えて、その日を生きていくことができるだろう。

同様に会社人生も、「定年まで」ととらえれば実に40年前後もあり、これもまた「無理して失敗するより、細く長く」という安全運転を心がけるようになるだろう。

ならば、会社人生を「出世の助走期間は20代」というとらえ方をしたらどうなるか。「明日があるさ」と悠長にかまえているわけにはいかない。30代を迎えるまで、一日一日を全力疾走することになる。

あるいは「今期の売上げトップを目指す」ということになれば、「必死の毎日」になるはずだ。人生が時間軸によって長くも短くもなるとは、こういうことをいうのだ。

ところが、多くの人は、無自覚に「人生は長い」と思っているのではないか。

「まだ先だ」「そのうちに」――と手をこまねいているうちに時間はどんどん過ぎ去っていき、

「もう定年か。人生、早いな」と慨嘆することになる。

時間に急《せ》き立てられる人生がいいと言っているのではなく、志があり、そして目標があるなら、

「それを達成するために努力する時間は短いぞ」

と言いたいのだ。僕はよく野球教室に招かれるが、小学生たちを前にして、

「いいかい、キミたちが考えている以上に、野球をやれる時間って少ないんだぞ」

必ず、そう言う。

「中学校の野球部に入って3年間、高校で3年間。卒業したら、全国中学とか甲子園とか、公式戦にはもう出られないんだよ。野球を一生懸命にやれるのはあと6年間しかないんだよ。好きで始めた野球なら、練習はいやだなという消極的な気持ちでなく、一生懸命にやってほしい」

そんな話をする。

まして、大学、社会人、あるいはプロを目指すなら、腕を磨く期間は、わずか6年しか

ないことになる。

ドラゴンズの後輩ルーキーたちにも、そんな話はする。

「おまえらルーキーで入ったけど、練習サボってたら5年でクビだぜ」

とハッパをかける。

「たったの5年じゃないか。一生懸命やってみろ。そして一軍へ上がって稼げるようになったら、ちょこっとサボればいいんだ」

サボればいいというのは言葉のアヤで、稼げるまでに成長すれば、さらに上を目指して頑張るものなのだ。

だからまず、「5年」という期間を区切ることで、時間は短いということを自覚させるのである。

終身雇用制が崩壊しつつある世の中で、サラリーマンも定年まで働くということを意識しない方がいい。

いままでは60歳までだった定年も、企業によっては65歳まで定年が延長されることがあるとはいえ、いまのこのご時世で、定年まで働けるという保証はない。だから、大学を卒業して入社したとしても最初の5年で結果を出すと覚悟を決めるといいのではないか。

そこまでで結果が出なければプロの世界ではクビだからだ。最初の5年を区切りに、5カ年計画で結果を出し続けるように努力をすることだと思う。

「たったの5年しかないぞ。死ぬ気でやってみろ」

5年は短い――ということを身にしみて感じたルーキーは、必死で練習を始めることになる。

僕自身が、プロ入りして5年で芽が出なければクビになると自分に言い聞かせていた。5年で一軍に上がれなければ戦力外通告されると覚悟していた。だから必死で練習したが、芽が出るどころか、5年目にマイナーリーグに「島流し」にされたことは、すでに紹介したとおりだ。

正直言って、成果が出ない練習は面白くなかった。面白くはなかったが、一生懸命にやったということだけは胸を張って言える。

納得いくまで努力をすれば、たとえ結果が出なくても「こんなに頑張っても駄目ならしようがないな」と、あきらめがつく。

頑張りもせず、「駄目だった、悔しい」というのは自分にウソをつくことになる。それだけは、どうしてもいやだったのである。

試合前のプレッシャーや2アウト満塁の苦しさに比べれば、練習なんて楽なものだ。

僕は、2011年の「これが最後だ」と覚悟を持って登板した試合で6回まで投げ終わった時、「よくこんなことを28年もやってきたな」と、ふと思った。いままではこんなことが頭をよぎることなど一度もなかったのに、こんなことを思うようになったのは、ひょっとしたら気力が落ちてきたのかな、と感じた瞬間だった。

6回を投げ終えたその瞬間が、とても凄いことをやってきているように思えたのだ。

「よくこんなことを3000回以上もやってきたよな」

この「3000回以上」というのは、僕の被安打数のことである。

僕の被安打数は3192。

つまり、安打日本記録の張本勲さんの3085を上回っている。それだけの数の安打を打たれ、その度に悔しい思いをしてきたのだ。

そんなことを30年間にわたってよくやってきたなと、我ながらすごいと思うし、変な言い方かもしれないが、一つの勲章ではないかと思う。

野球教室では「時間は思った以上に少ない」とセットで、こんな話もする。

「君たちね、ファミコンは平気で長時間プレーするだろ？　どうして？」

「楽しいから！」

「じゃ、なんで野球の練習は集中してできないんだ？　ファミコンはできるのに、野球はできないなんて、ヘンじゃないか？」

好きなことは夢中になってやる。だから上達する――ということを説き、「夢中になるためには、まず好きになること」

と逆説的な話をする。小学生にどこまで理解できるかわからないが、これは僕がどうしても伝えておきたいことなのである。

夢中になれなければ、自分で自分を追い込むことで奮起すればいい。僕のやり方がそうだ。

ここ数年が特にそうだが、だいたい6、7月頃になると、「もう今シーズンで引退だな」と自分に言い聞かせる。そうすると、シーズン終了まで3か月しかない。

（あと100回しかユニフォームを着られない。じゃ、あと100日頑張るか）

このように、いつも引退が迫っていると自分を奮い立たせ、毎日を過ごしている。その結果、いまもこうしてプレーしている。

ルーキーの頃も、現役最年長のいまも、毎年毎年が人生の崖っぷちなのだ。

こう書くと精神的にかなりきつい状況に追い込まれるように思われるだろう。たしかにタフな精神力を身につけなければいけない。だが、その一方で心にある種の「気軽さ」も持っていなければならないと思う。

僕はこれを、「心のトレーニング」と呼んでいる。長く続けるにはプレッシャーを跳ねかえす強さと同時に、気楽に流せる柔軟さを兼ね備えてなければいけない。

人間は、プラス思考とマイナス思考の2タイプがあると言われる。

財布の中にお金が残り少なくなったとき「まだこれだけある」と楽天的に考えるのがプラス思考で、「あとこれだけしかない」と悲観的に考えるのがマイナス思考というわけだ。「あと100回しかユニフォームを着られない」と考える僕は、思い切りマイナス思考である。だが、マイナス思考であるがゆえに頑張ることができる。

「あと100回も着られる」というプラス思考であれば、踏ん張りはきかないに違いない。プラス思考であれと自己啓発本は教えるが、マイナス思考も、用い方によっては威力を発揮するのだ。

1日を積み重ねた結果が人生であるなら、1日が充実せずして、人生の充実はあり得ないことになる。

どういう方法で自分を奮起させるか、方法は人それぞれでいいと思う。1回きりの人生を、いかに悔いなく生き抜くか。これが大切ではないだろうか。

あとがき

名球会の名だたる先輩方に、

「マサ、おまえは何歳まで野球をするんだ？　引退したあと、40代が人生でいちばん楽しいんだぞ」

と言われたことがある。「40代なら身体も動くから、ゴルフもやれるし、酒も飲める。50になったら、ゴルフは飛ばなくなるし、酒だってそんなに飲めなくなるから、つまらないぞ」というわけだ。

そうだろうと思う。これまで30年も頑張ってきた。２００勝もしたし、球団最多勝も更新させていただいた。「もういいだろう」と言われれば、そうかもしれない。元気なうちに引退し、これから先の人生を謳歌するのも魅力はある。

だけど、ゴルフはいつでもできる。飛ばなくたって楽しめるし、誰だっていずれは飛ばなくなるのだ。

ラジコンも封印した。若いころは野球とラジコンをかけ持ちしても大丈夫だったが、50歳を前にしたいまは、野球だけに集中し、時間をかけてトレーニングしなければ力を維持することは難しくなったからだ。

それに、引退すればゴルフ同様、ラジコンも存分にやれるのだ。

だから僕は、このまま現役選手でいたい。何歳までやれるか、これは自分との戦いであると同時に、同世代の励ましを受け、それに応えたいという思いがあるからだ。だから、いまが一番やりがいがある。

僕のプレーが、プロ野球選手に限らず、世の男性の「40歳からどう生きるか」という指針になればうれしい。

僕の年までプロ野球の選手として働くことを美徳としない人もいるだろう。それはそれで一つの人生だ。僕も40歳を超えて投げれるとは思っていなかった。辞める時に振り返ったら「無我夢中でやってきた」と思えるのだろうが、その終点はいつになるのか、全く想像がつかない。

ご存じの方もいらっしゃると思うが、「昭和40年会」というのがある。

昭和40年生まれのプロ野球選手でつくっている親睦団体だ。

今年――2013年で、当然ながらみんなも僕と同じ48歳になる。

40年生まれは優秀な選手が多く、古田敦也、池山隆寛、水野雄仁、渡辺久信、吉井理人、小野和義、小宮山悟、武田一浩、近田豊年、八木裕、村上隆行、星野伸之など多士済々で、このメンバーで全日本選抜が組めると言われたほどだった。

毎年暮れになると、親睦会を開いて旧交を温めている。監督経験者もいればコーチもいる。しかし、現役選手としてプレーしているのは「昭和40年会」で僕一人しかいない。

だから励まされ、その励ましに勇気づけられている。同じ時代にプロ野球でしのぎを削ったということもあるが、彼らの多くは甲子園を沸かした人気選手であり、出身県のスーパースター。無名選手だった僕にとって、あこがれの存在だった。

面識はなくても、高校野球の月刊誌を寝る前にいつも読んでいたので、彼らの名前も出身校も諳《そら》んじていたほどだった。

そのスーパースターたちが、ケガや年齢的な衰えから、一人また一人とユニフォームを脱いでいき、僕だけが現役として最後に残った。

野球がもっとも栄えた時代は、僕ら40代から上の世代だ。子どもの遊びといえば野球だった。

その時代の仲間たちが「マサ、頑張れ！」と言ってくれる。これは僕にとって、ものすごく励みになっている。これまでは工藤さんを目標に頑張ってきたが、これからは僕が球界最年長として目標を自らつくっていこうと思っている。工藤さんからは、「もっとやればいいんだよ」と励ましの言葉をもらっている。

技術論を戦わせたことはないが、工藤さんの勝利数まであと10勝だし、絶対に追い抜きたい。

この原稿を書いている最中の12月28日、元巨人軍、そして元大リーガーの松井秀喜の突然の引退のニュースが飛び込んできた。

彼とは現役投手では最多の１３９打席も対戦した。

高校から入ってすぐは「楽なバッターだな」という印象があったが3年くらい経って、まったく手が付けられなくなり、凄いバッターになってしまった。

彼は9歳下だけど、打席での雰囲気はいままで対戦したなかでも別格だった。

ライバル球団としてしのぎを削った戦友が先に辞めるのはさみしいが、僕は野球がもっとも隆盛していた時代の生き残りとして、とことん頑張り抜く決意でいる。

昨年暮れ、山中伸弥・京都大学教授がノーベル医学生理学賞を授賞され、その翌日の記者会見で、こうおっしゃった。

「今日が始まり。研究者を目指した最初の日に戻って仕切り直したい」

この言葉に、身震いするような感動を覚えた。山中教授は僕より3つ年上の50歳。同世代であり、ノーベル賞受賞という「世界の頂点」に立った人が、今日が始まりであり、研究者を目指した最初の日に戻って仕切り直しをする、と決意を新たにされている。

僕もドラゴンズに入団した30年前の初心に戻り、「今日」を始まりとしたい。

2013年、48歳を迎えるルーキーである。

あとがきのあとがき

２０１５年９月に50歳で現役を辞めたあとの３年間を話してみよう。

生涯記録は２１９勝１６５敗。それにしても天才でもない僕がここまでよくやれたと思う。

引退の翌16年から野球解説者として、第２の野球人生をスタートさせたが、戸惑うことばかりで苦労した。まず放送席から試合を見るようになって「あ、意外に知らないことが多かったな」と頭をかくことがしばしばあった。

投手のことは手に取るようにわかっていても、守備体系であったり作戦面に関してまったくの素人だと感じた。

投手だったから、投手のことをしっかり話せばいいのかと思っていたけど、打者の方も一緒に解説していかなければいけない。それもわかりやすくだ。それが思うように出来なかったが、この3年間、勉強に勉強でやっと解説に自信が持てるようになった。

同時に学生野球資格回復研修会を受けて、指導資格を取り、それに伴い2018年2月から実弟の山本秀明が監督を務める母校・日大藤沢高校野球部の特別臨時コーチになって後輩たちの指導も始めている。

僕は50歳まで肩もヒジも手術をしないで投げられた。負担のない投げ方をしてこられたから成《な》せたことだ。いま、野球少年たちに肩やヒジに不安を抱えている子が多い。親御さんの心配が手に取るようにわかる。

そのために僕は自分の経験から体得した負担の少ない投げ方を、少しでも多くの少年たちに伝えていかなければいけないとアマチュアの指導資格を取ったのだ。

お声がかかれば、時間が許す限り全国どこでも出向いて指導していきたいと考えている。現に全国どこへでも出かけ、野球少年や関係者らと交流して技術を含めた野球の楽しさ、難しさを共有してきた。

プロ野球に目を向けると、古巣の中日ドラゴンズの低迷に心が痛い。奮起してほしい気持ちでいっぱいだ。強いチームであった中日ドラゴンズが6年連続Bクラスは異常事態だ。ファンの皆さんも僕らOBも、歯がゆく、もどかしい。強い中日ドラゴンズ復活に向けて選手、一人ひとり、責任と自覚を持って頑張ってほしい。

本書の終わりの終わりでもう一度、この本を愛してくれている人に伝えたい。目標を、すぐに完璧にやり遂げようと思ってはいけない。焦らず少しずつの積み重ねを大切にする。昨日より今日。今日よりあした。ほんのちょっとずつ前に進んでいることを自覚することが大切。気がついたら大きな一歩を遂げている。

そのことをどうか忘れないでほしい。

山本昌

本書は２０１３年１月、小社より刊行された単行本「継続する心」を
新書版として新装増補し、再編集したものです。

編集協力――――拓人社
山田明
㈱デラモンテ

山本昌

やまもと・まさ

1965年8月11日東京都生まれ。186cm、87kg、左投げ左打ち。日大藤沢高校卒業後、84年ドラフト5位でドラゴンズに入団。2度の米国野球留学を経て先発に定着。これまで29年間の現役生活で最多勝3回（93、94、97年）、沢村賞（94年）など数多くの投手タイトルを受賞。2006年にはプロ野球最年長記録の41歳1か月でノーヒットノーランを達成。2012年には杉下茂のもつチーム最多勝記録（211勝）を更新。2014年9月5日、日本プロ野球最年長勝利投手記録を48歳4カ月で更新。2015年9月30日引退。プロ通算（実働29年）で219勝165敗5セーブ。防御率3・45。得意球はスクリューボール。引退後は野球解説者として活躍。

継続する心

二〇一九年三月二十八日　第一刷発行

著者――――――山本昌
編集人・発行人――阿蘇品 蔵
発行所――――――株式会社青志社
〒一〇七-〇〇五二　東京都港区赤坂六-二-十四　レオ赤坂ビル四階
（編集・営業）
TEL：〇三-五五七四-八五一一　FAX：〇三-五五七四-八五一二
http://www.seishisha.co.jp/

印刷　製本――――株式会社新藤慶昌堂

 ISBN 978-4-86590-080-4　C0095